「主体的・対話的で深い学び」を実現する

知識構成型ジグソー法による中学校国語授業

東京大学 CoREF
飯窪真也・齊藤萌木・白水 始 編著

はじめに：何のための「知識構成型ジグソー法」か

　本書『「主体的・対話的で深い学び」を実現する　知識構成型ジグソー法による中学校国語授業』は，「知識構成型ジグソー法」というひとつの授業手法（私たちは授業の「型」という言葉を使っている）を用いて，対話を通じて一人ひとりが自分なりに考えを見直し，理解を深めていくような学び（＝協調学習）を引き起こす授業づくりについてまとめたものである。

　私たち東京大学 CoREF は，「人はいかに学ぶか」を研究する認知科学・学習科学という分野の研究をバックグラウンドに，平成20年度から全国の小中高等学校と連携して，この「知識構成型ジグソー法」というひとつの授業の型を使って協調学習を引き起こす授業づくりの研究を行ってきた。

　私たちの研究連携は小中高等学校すべての教科にわたるものだが，明治図書さんのリクエストもあり，中学校の数学科に続き，中学校の国語科での実践に焦点を絞った形で本を作らせていただいた。

　本書を手に取ってくださる多くの先生方のご関心に即して言えば，協調学習を引き起こす授業づくりというのは，新学習指導要領における主体的・対話的で深い学びを，一人ひとりにいかに実現するかという授業改善の視点とほとんど重なっていると考えていただいてよい。目指すのは，一人ひとりが主体となって，読む，話す，聞く，書くを総動員しながら，考えの違う仲間とのやりとり，教材とのやりとりを通じて，自分なりにより納得できる解を追究していくような学びである。

　こうした学びは以前から様々な取組を通じて目指されてきたが，その中で「知識構成型ジグソー法」を使った私たちの試みのユニークな点は，一人ひとりの生徒すべてが主体的に学びに参加しやすい形を徹底的に追究している点にある。この型の特徴は，「一人では十分な答えが出ない本時の課題」に対して，一緒に問題解決するメンバーの「一人ひとりが違う視点や考え方を

持っていることが明示的になっている」という場を人為的に設けてあげることで，すべての生徒が（少なくともそうでないときと比べて）「自分の考えを相手に伝えたい」「相手の考えを聞きたい」「一緒に考えると一人で考えるよりよい答えがつくれそう」と思える状況をつくってあげるところにある。

　また，グループ学習の形態をとっているが，「グループで答えが出たか」や「『生徒たち』の中からよいひらめきが出てきたか」よりも，Ａ君もＢ君もＣさんも，本時の課題について授業の最初に自分で表現できた考えより，授業の最後の最後に自分で表現できるようになった考えの方がよりよくなったと言えるかどうかを大事にしたい，というのもユニークな点だろうか。

　本書の構成について述べる。本書では，まず第1章で新学習指導要領において求められている学びがどんなものか，授業改善がどんなものかを整理し，続く第2章で「知識構成型ジグソー法」とはどのような授業手法で，なぜ今求められている学びの実現に効果的だと考えられるのか，背景にある学習の考え方を解説する。ここまでが本書の導入編である。

　続く第3章が本書で一番力を入れている部分であり，中学校国語科の6名の先生方の異なる事例から「知識構成型ジグソー法」の活用例を生徒の実際の学びの様子を交えて示すとともに，実践に取り組んでくださっている先生方からの授業づくりのヒントなども掲載している。読まれているうちに，ご自分でも試してみたくなっていただけるのではないかと思う。

　最後の第4章では，実際に取り組んでみたくなった先生方，あるいは「試してみているんだけど，これでいいのかな？」という先生方向けに，私たちがよくいただく実践についてのご質問をQ&Aの形でまとめている。是非，まずはご自分で試してみていただきたい，そこからまた考えていただきたい，というのが私たちの願いである。

　最後になるが，本書をお手に取っていただいたみなさま，ご多忙の中ご協力くださった実践者の先生方，出版の労をとってくださった明治図書さんに感謝を申し上げたい。

平成31年3月吉日

Contents

はじめに：何のための「知識構成型ジグソー法」か

第1章

「知識構成型ジグソー法」で
何が実現できるとよいか

1 新学習指導要領における国語の目標と内容……8

2 「主体的・対話的で深い学び」の位置づけ……11

3 「知識構成型ジグソー法」で実現したいこと……12

第2章

「知識構成型ジグソー法」の
授業づくり

1 「知識構成型ジグソー法」のステップ

  1　「知識構成型ジグソー法」の前提となる考え方……16

  2　ステップ1：課題について各自が自分で考えを持つ……19

  3　ステップ2：エキスパート活動……20

  4　ステップ3：ジグソー活動……21

  5　ステップ4：クロストーク……22

  6　ステップ5：課題について，最後にもう一度自分で答えを出す……23

2 型の背景にある学びの原理

1　「知識構成型ジグソー法」の型が支えているもの……24

2　「知識構成型ジグソー法」で引き起こしたい「協調学習」……25

3　協調学習が起きやすい学習環境の条件……26

4　グループ学習でこうした条件は満たされるか……28

5　「知識構成型ジグソー法」を原理的に説明すると……29

3 授業づくりの視点

1　型が支えるものと個々の授業者に拠るもの……32

2　授業づくりのポイント１：問いの設定……32

3　授業づくりのポイント２：単元の流れにおける本時の位置づけ……33

4　実践例の活用……34

5　授業案の書式……35

第3章
「知識構成型ジグソー法」の
実践例

実践例について……38

1年　物語文『少年の日の思い出』

実践例１　僕がちょうを粉々にした意味を説明しよう……40

2年　詩『レモン哀歌』

実践例２　智恵子の写真の前にレモンを置くのはなぜ？……58

2年 評論文『恥ずかしい話』

実践例3 マコト君の作文を救え！説明的な文章を書こう……74

3年 古文『夏草―「おくのほそ道」から』

実践例4 「おくのほそ道」の旅で見つけた「生き方」とは？……92

3年 評論文『ネット時代のコペルニクス―知識とは何か』

実践例5 ネット時代を生きる私たちに大切なことは？……109

3年『読書生活をデザインしよう』

実践例6 芥川が描きたかった人間の本質とは？……127

第4章

授業づくりのポイント
―Q&A―

Q&A について……146

Q1 授業づくり，どこから手をつけるのがよいか？……147

Q2 適した課題やエキスパートの設定の仕方は？……150

Q3 エキスパートの学習内容や活動はどうあるべきか？……152

Q4 授業中における教師の役割は？……156

Q5 グルーピングのポイントは？……160

Q6 教科学力の定着の面での不安はないか？……162

Q7 授業をやってみたあと，どんな視点で振り返ればよいか？……164

おわりに：「読む」ということ

第1章

「知識構成型ジグソー法」
で何が実現できるとよいか

1 新学習指導要領における 国語の目標と内容

　中学校では，新学習指導要領が2021年度から全面実施予定である。その全体構造と国語科における目標と内容を確認しておくことは，本書のテーマである「主体的・対話的で深い学び」を「知識構成型ジグソー法」でいかに実現するかを考えるために役立つだろう。

　今回の改訂は，単に学習内容を改訂するだけでなく，一人ひとりの児童生徒がその内容を学んで何ができるようになるかという目標や，それをどう学ぶかという学習方法を，一体的に構造化した点が特徴である。それゆえ，次の囲いに見るように，「主体的・対話的で深い学び」にかかわる「どのように学ぶか」という項目は，全体のあくまでひとつ（③）に過ぎない。

新学習指導要領　総則の構造

①「何ができるようになるか」（育成を目指す資質・能力）

②「何を学ぶか」（教科等を学ぶ意義等を踏まえた教育課程の編成）

③「どのように学ぶか」（指導計画の作成と実施，学習・指導の改善・充実）

④「子供一人一人の発達をどのように支援するか」（発達を踏まえた指導）

⑤「何が身に付いたか」（学習評価の充実）

⑥「実施するために何が必要か」（学習指導要領等の理念実現の必要方策）

（「幼稚園，小学校，中学校，高等学校及び特別支援学校の学習指導要領等の改善及び必要な方策等について（答申）」平成28年12月21日一部編集：以降も本章囲いは「答申」から引用）

つまり，今回の改訂は，単に新しい学び方（学習活動）を導入しようとするものではなく，いかなる学び方であれ，それが何を目指して（①），どのような内容（②）をどう学ぶことで（③），一人ひとり多様な子どもたちに（④），どのような成果を身につけさせようとしているのか（⑤）という「目標−方法（実践）−評価」の一体的なサイクル（⑥）を学校や先生方に求めている点に主眼がある。

　まず学習目標となる「育成を目指す資質・能力」について見ていこう。

　今回の改訂では，あらゆる教科等において，次の囲いの三つの柱で資質・能力を考えることが提言されている。

　注目すべきは，習得すべき「知識・技能」が「生きて働く」もの，そして育成すべき「思考力・判断力・表現力等」が「未知の状況にも対応できる」と表現されていることだろう。とかく学校現場では「知識・技能」をいったん習得してから，思考力等でその知識・技能を活用するものと捉えられがちだが，そうではなく，「知識・技能」を生きて働かせ，「思考力・判断力・表現力等」を未知の状況に適用することで両者を一体的に育んでいこうというねらいが見て取れる。

---

①生きて働く「知識・技能」の習得
②未知の状況にも対応できる「思考力・判断力・表現力等」の育成
③学びを人生や社会に生かそうとする「学びに向かう力・人間性等」の涵養

　それでは，目標となる資質・能力に対して，国語の教科内容はどのように関係するのだろうか。特に国語においては，教科目標や内容が「文章の精読による理解」から「話すこと・聞くこと」「書くこと」「読むこと」という一見「活動的な技能」へと変わってきたように見えるからこそ，いま一度確認しておきたい点である。

　この点について，答申に次のような一節がある。

様々な資質・能力は，教科等の学習から離れて単独に育成されるものではなく，関連が深い教科等の内容事項と関連付けながら育まれるものであることや，資質・能力の育成には知識の質や量が重要であり，教科等の学習内容が資質・能力の育成を支えていることが明らかになってきている。

　国語の内容を学ぶために資質・能力が使われ，その経験を通して，国語の内容の学習成果自体が資質・能力の一部となっていくという往還が期待されている。その観点で国語における「内容」の変遷を見ると，改訂の趣旨がよく理解できる。表1は，中学校学習指導要領の「内容」の構成を列挙したものである。表に見る通り，平成元年版までは話すか書くかの手段を特定せずに「表現」すること，そして読むか聞くかを特定せずに「理解」することが目的であったものが，平成10年版から「話すこと・聞くこと」「書くこと」「読むこと」という3領域に整理され，平成20年版からはいかなる言語活動を通してそれらを指導するかも明示された。それによって，国語は単なる4技能訓練で，「評論・小説・古典・詩」などのジャンルに親しみ，その固有な表現に出会う部分は「言語事項」にしかないと誤解されがちだった。

表1　中学校学習指導要領における「内容」の変遷

告示年度	各学年「2．内容」の構成			
平成元年	A. 表現	B. 理解		言語事項
平成10年	A. 話すこと・聞くこと	B. 書くこと	C. 読むこと	言語事項
平成20年	A. 話すこと・聞くこと	B. 書くこと	C. 読むこと	伝統的な言語文化と国語の特質に関する事項
	（平成10年版に言語活動が追加）			
平成29年	［思考力，判断力，表現力等］			［知識及び技能］
	A. 話すこと・聞くこと	B. 書くこと	C. 読むこと	

　しかし，今回の改訂では，「話すこと・聞くこと」「書くこと」「読むこと」

という３領域が「思考力・判断力・表現力等」のもとに位置づけられ，言語事項や国語の特質などが「知識及び技能」として位置づけられている。それゆえ，読む・聞く・書く・話すを統合的に行うことが思考力等を発揮することであり，それらを使って知識・技能を学び，学んだ知識・技能を働かせて思考力等をいっそう充実させていくという関係が求められているのである。このように学習指導要領上の学習目標や内容のレベルでは，「作品の最後の一行に込められた意味を考える」などの解釈と，読む・聞く・書く・話すを繰り返してそこに迫ることなどの両方が重要とされていることになる。

2 「主体的・対話的で深い学び」の位置づけ

問題は，上記の学びをいかに実現していくかである。そこで位置づけられたのが「主体的・対話的で深い学び」である。次の囲いに見るように，その「学び」が実現される主体は子どもである点に注意したい（下線）。

---

① 学ぶことに興味や関心を持ち，自己のキャリア形成の方向性と関連付けながら，見通しを持って粘り強く取り組み，自己の学習活動を振り返って次につなげる「主体的な学び」が実現できているか。

② 子供同士の協働，教職員や地域の人との対話，先哲の考え方を手掛かりに考えること等を通じ，自己の考えを広げ深める「対話的な学び」が実現できているか。

③ 習得・活用・探究という学びの過程の中で，各教科等の特質に応じた「見方・考え方」を働かせながら，知識を相互に関連付けてより深く理解したり，情報を精査して考えを形成したり，問題を見いだして解決策を考えたり，思いや考えを基に創造したりすることに向かう「深い学び」が実現できているか。

子どもが主体であるということは，例えば「作品の解釈」を先生が「講義して終わり」になるわけではなく，子ども自身が仲間や周囲との対話を通じて，その解釈を自ら構築し，深めていく学びが実現できているかが問われているということである。しかも，子どもが主体だからといって，自由にのびのびと作品について語り合って終わりにするのではなく，その解釈が深い方向へと向かっているかもまた問われている。

　このように「主体的・対話的で深い学び」の導入とは，単に新しい教え方を導入するというよりも，子どもの視点で先生のねらう「目標」が果たして実現可能なのか—その学習過程を問うものだと考えることができる。

　それでは，その「深さ」をどう考えればよいのだろうか。上記囲いの「見方・考え方」がひとつの鍵となる。国語科における見方・考え方は下記である。「深い学び」とは，この見方・考え方が自然に働くような学びであり，学びを通じて見方・考え方がより豊かになるものだと言える。

　（国語科における）言葉による「見方・考え方」：対象と言葉，言葉と言葉との関係を，言葉の意味，働き，使い方等に着目して捉えたり問い直したりして，言葉への自覚を高めること

3　「知識構成型ジグソー法」で実現したいこと

　上記の見方・考え方は，国語におけるあらゆる学びに求められる汎用的なものであり，それだけに抽象度も高い。それを一つひとつの授業に照らして具体化し，授業をデザインして実際子どもたちに「主体的・対話的で深い学び」が実現したかを検証・評価していく取組みが必要だろう。実際，答申には，次のような一節がある。容易には実現できない「主体的・対話的で深い学び」のために不断の授業改善が求められている。

（「アクティブ・ラーニング」の視点からの授業改善は）形式的に対話型を取り入れた授業や特定の指導の型を目指した技術の改善にとどまるものではなく，子供たちそれぞれの興味や関心を基に，一人一人の個性に応じた多様で質の高い学びを引き出すことを意図するものであり，さらに，それを通してどのような資質・能力を育むかという観点から，学習の在り方そのものの問い直しを目指すものである。

対話型を取り入れた授業等を行うこと自体は否定しないものの，その型を使って子どもの質の高い深い学びを引き出すことができているかという「目標」の重要性が明記されている。さらに資質・能力育成の観点から「学びの在り方」，つまり子どもの持つ潜在的な資質・能力を使って伸ばすような学びが実現できているかが問い直されている。

第2章以降で詳しく説明するが，「知識構成型ジグソー法」は授業の型として，読む・聞く・書く・話すがすべて含まれ，問題解決型の言語活動を必然的に伴うものである。しかし，だからといってその型にしたがった授業をしさえすれば，「言葉による見方・考え方」が使われて「主体的・対話的で深い学び」が実現するかというと，そういうわけではない。その実現のためには，生徒の実態に応じて，言語活動をどのような目標のために活用するのかという先生方一人ひとりの授業デザインとその成果を見とる評価が必要不可欠なのである。以下，授業デザインと学びの見とりのための「知識構成型ジグソー法」の意義を整理しておこう。

⑴授業デザインのための「知識構成型ジグソー法」

「知識構成型ジグソー法」は，一人では十分な答えが出ない共通の課題に対して，異なる視点から仲間との対話を通してアプローチして解決し，生徒一人ひとりが自らの理解を深めていく授業形態である。課題があるからこそ，生徒が協働して答えを探究したり構築したりする協調問題解決が起きる。問題解決が起きるからこそ，その過程で言語活動を通して「問題が解けていな

い状態」から「解けた状態」への遷移が起きる。その遷移が生徒に学習をもたらし，理解の深まりをもたらす。その理解深化体験をもとに生徒は読む・聞く・書く・話すや見方・考え方を体得していく。

　先生にとっては，この授業形態が国語授業において実現したい学びは何かを考えるきっかけになる。すなわち，一人ひとり多様な生徒にとって「共通に」考えるべき課題は何なのか，それが例えば，作品の最後にある主人公の行動の理由を問う課題なのであれば，その課題に迫るための視点は，本文の叙述なのか，時代背景や作者情報などの外部資料なのか，叙述だとすれば，どのような箇所かなど次々と考えるべき授業デザイン上の課題が生ずる。

⑵学びの見とりのための「知識構成型ジグソー法」

　こうした先生の授業デザインが生徒にもたらした学びを評価するためにも「知識構成型ジグソー法」は役立つ。授業の前後で同じ問いに対する解答を２回書いてもらうことで，例えば，生徒の通読時の理解の浅さが教師の用意した視点からの読み込みと複数視点の交換と統合で再読時にどれだけ深まったか，課題のある作文の修正に説明文の構成や表現の理解をどれだけ適用できたかなど，生徒一人ひとりの学びの深まりが捉えられる。さらに，その途中の対話などの言語活動すべてが生徒の学習過程に迫るデータとなる。

　「知識構成型ジグソー法」で実現したいのは，このデザインと学びの見とりを繰り返すことによる継続的授業改善であり，それを通じて先生一人ひとりがいかなる国語の学びを実現したいのかの見識と授業力を向上することである。生徒が文章を読み味わい充実した読書生活を送ることと教師が期待するような読みに向けて読み深めることとをどう両立するか，一つひとつ違う具体的な対象を学びながらいかに汎用的な資質・能力を身につけてもらうかなど，国語を巡る課題はどれも難しい。本書の実践例は，そうした課題に取り組んだ先生方の現時点の解決策であり，作業仮説である。読者のみなさまに建設的なご批判をいただければ幸いである。

第2章

「知識構成型ジグソー法」 の授業づくり

1 「知識構成型ジグソー法」のステップ

1 「知識構成型ジグソー法」の前提となる考え方

　この章では，「知識構成型ジグソー法」の授業づくりについて解説する。

　「知識構成型ジグソー法」は，人が本来持っている対話を通じて自分の考えをよりよくしていく力を引き出しやすくするためのひとつの授業の型である。

　学習指導要領改訂の過程でアクティブ・ラーニングという言葉が広く使われてきたが，最終的には主体的・対話的で深い学びという授業改善の視点が提示されたように，ここで目指されているのは単に活動的な学びではない。異なる視点を持つ他者とかかわる対話的な学習活動を生徒一人ひとりが自分の考えを見直して広げていくような理解深化に結びつける，そうした授業をどうしたら実現できるのかを考える必要がある。

　そういう授業をつくるときに，私たちが出発点にしているのは，人は元来自分で考えて学ぶことが得意だ，すべての人間が，やりとりをとおして考えをよくしていく力を持っているんだ，ということである。今このときで比べると，話し方，聞き方のうまい下手はあるかもしれないが，自分で考えて学ぶことができない子はいない。であると同時に，だからと言って，どういう状況でも関係なく，「自分で考えて学べ」と言ったらみんながそのようにできるわけではない。話したくなるような，聞きたくなるような状況があるかないかで，同じ子でもできることが変わってくる。そこに教育の可能性がある。

　21世紀型の力として，コミュニケーション，コラボレーション（協働），イノベーション（創発）といった力を育てることが問題になってきているが，こうした資質・能力の育成についても，根本的には生徒全員が生まれながらにしてこうした力を持っているのだと信じてあげて，その潜在力が引き出されやすい環境をつくってあげることが教師の仕事であると整理したい。

16

求められる資質・能力を
「生徒」を主語に考え直すと？

- コミュニケーション能力
  - 「私には伝えたいことがある」自覚
- コラボレーション能力
  - 「私の考えは話し合って良くなる」自覚
- イノベーション能力
  - 各自違う意見を統合すると答えが見える

資質・能力は潜在的に持っていて、
使う必然性があれば使いながら伸ばせる

どういうことか。例えば，コミュニケーション能力を伸ばすと言ったとき，その人が持っているコミュニケーション能力を最大限発揮する必然性がある環境をつくるためにはどうすればよいかを考えたい。

話し方のトレーニングを繰り返ししたら，そうした環境ができるだろうか？　必ずしもそうとは言えないだろう。それよりも「生徒」を主語に考えてみると，「私には伝えたいことがある」という自覚があるかないかで，同じ人間でもコミュニケーション能力が発揮されるかどうかが変わってくるはずである。「私には伝えたいことがある」という自覚があれば，人はたとえ表現は拙くても相手に自分の考えを伝えようとするものだし，伝わらなければいろんな表現方法で繰り返し，伝えようと努めるものである。逆に「伝えたい」自覚が本人にあまりなければ，コミュニケーションの力を隠し持っていても，十分に発揮してくれないということもあり得るだろう。

だから，コミュニケーションの力を授業の中で生徒が使いながら伸ばしていくためには，「私には伝えたいことがある」という自覚を多様な生徒一人

第2章　「知識構成型ジグソー法」の授業づくり　17

ひとりが自然に持てる状況を授業の中にできるだけたくさんつくってあげる方法を考える必要があるということになる。

コラボレーション能力というのも，「人の話を聞くことが大事ですよ」「協力が大事ですよ」といくら教えても，多分身につかない。自分の考えが話し合ってよくなった，一人でやるより仲間と一緒にやった方がよかった，こういう自覚を与えてあげられるかどうか，それがポイントだろう。

「本当は一人でやった方が早いのにな」と思いながら，先生の指示なので仕方なくグループ学習をしているような場面ではこうした自覚は持ちにくい。そうではなくて，自分一人では分からないような問題を違う視点や考えを持つ仲間と話し合うことで解決できた，そういう経験を重ねられると，「私の考えは話し合ってよくなる」という自覚につながるはずだ。こうした経験をすべての生徒にいかにして提供できるかを考えたい。

イノベーション能力というのも同じで，「新しいことを思いつけ」と，何度言ってもできるようにはならない。「変わった意見をほめてあげましょう」という話ではない。これもやはり，やりとりをとおして，誰も一人では出せなかったような，新しい答えや説明の仕方が見えてきた，という経験を積ませてあげられるかどうかが問題になるだろう。

ここまでの議論をまとめると，

・生徒は生まれつき資質・能力を持っていて，
・資質・能力を使う必然性がある環境（状況）があれば，自然と発揮しながら，自分の持つ力を伸ばすことができる
・だから，教師の役割は，「資質・能力を使う必然性がある環境」を教室にデザインすることである

ということになる。「知識構成型ジグソー法」は，この前提に立った授業法であり，「資質・能力を使う必然性がある状況」を教室にデザインするための学習環境デザイン（場作り）の方法のひとつだと考えていただけるとよい。

2 ステップ1：課題について各自が自分で考えを持つ

　ここから「知識構成型ジグソー法」の授業の流れを生徒が「資質・能力を使う必然性がある状況」をどうデザインするかに即して説明したい。

　「知識構成型ジグソー法」の一連の学習の最初のステップは，この一連の学習を通じて答えを出したい本時のメインとなる課題に一人ひとりがまず答えを出してみることである。

　このプロセスを通じて，一人ひとりに本時の課題が自覚され，生徒たちの間に「当面問うべき問い」が共有されることをねらっている。

　大事なのは，この課題は「一人では十分な答えが出ない」課題である必要があるということだ。この段階で満足がいく答えが出る課題であれば，このあと仲間と一緒に考えを出し合ってよりよい答えをつくっていこうという自覚は持ちにくくなってしまう。

3 │ ステップ2：エキスパート活動

　本時で答えを出したいメインの課題は「一人では十分な答えが出ない問い」である。だから，その問いに対して教師がいくつか異なる角度からの答えの部品を用意する。小グループに分かれて，この答えの部品について学ぶステップをエキスパート活動と呼んでいる。

　この活動は通常3—4人グループで行うことが多い。また，答えの部品は，国語の授業ではプリント1枚でいくつかの小問について考えさせるワークシートのような形で与えられることが多い。これをエキスパート資料と呼んでいる。同じエキスパート資料を与えられた小グループで小問について考えを持ち，自分の言葉で説明できるよう準備する。

　この活動は，続くジグソー活動において，一人ひとりが「私には言いたいことがある」自覚を持ちやすくなる準備段階となる。

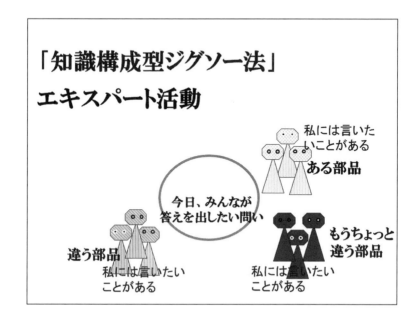

4 | ステップ3：ジグソー活動

　次のステップでは，グループを組み替えて，異なる部品について「エキスパート活動」で検討してきたメンバー同士のグループを組む。こうして異なる部品について考えを持ち寄ったメンバーが，最初の「一人では十分な答えが出ない問い」に対する答えをつくり上げていく活動を「ジグソー活動」と言う。「ジグソー活動」は，「一人では十分な答えが出ない問い」に対するそれぞれ異なる「答えの部品」を持ったメンバーによる課題解決活動である。生徒たちはそれぞれの持つ異なる視点を出し合い，課題を解決していく。

　この活動では，それぞれがエキスパート活動で学んできた「答えの部品」を知っているのは，「自分だけ」という状況が生じる。この状況があることで，生徒の「伝えたい」「聞きたい」という自覚が高まり，コミュニケーションや協調問題解決の資質・能力が自然と発揮されやすくなる。

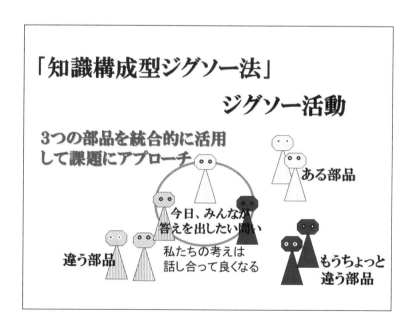

5 | ステップ4：クロストーク

次のステップは，それぞれのグループが「ジグソー活動」でつくり上げた考えを教室全体で交流する「クロストーク」である。先生に与えられた部品は同じでも，人の考えは本来多様だから，課題が十分質の高いものであれば，3つなり4つなりのエキスパートを組み合わせてジグソー活動の各グループがつくり上げてくる解の表現は多様になる。他の班の解の表現を聞きながら，「私にはこの言い方が納得できる」「なるほど，そこはそう考えるとよいのね」といった理解を深めるチャンスを得るのがクロストークのねらいである。

ジグソー活動を通じて十分な答えに行き着かなかったグループも，そこまで自力で考えてきて「分からない」ことが自覚できているからこそ，他のグループの説明から学ぶ準備ができつつあるので，すべての班が自力解決できていなくても，クロストークが有効な学びの場面になる。

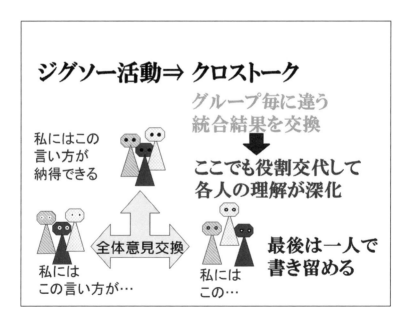

6 ｜ステップ5：課題について，最後にもう一度自分で答えを出す

「知識構成型ジグソー法」の一連の学習の流れの最後のステップは，もう一度最初と同じように問いの答えを各人が自分で書いてみることである。

今日の一連の学習で考えたことを自分なりに統合して，もう一度自分の言葉で表現することで，自分が今日何をどこまで理解したのか，何が分からないのかを自覚するチャンスが生まれ，次の学びにつながる。

一人ひとりが主体的に学んでいると，このステップではジグソー活動で「班の答え」としてつくった答えとはまた少し違う表現が出てくる。同じジグソー班の3人の答えも少しずつ違ったものになる。これは，仲間との対話を通じて理解を深めることができるということと，しかし，学びの主体は一人ひとり個人であることが両立していることの証左だろう。

初めてこの手法に取り組まれる先生の中には，「もう班の答えが出ているので」ということでこのステップを省略される例も見られるが，経験を積んだ先生方の中では，この最後に個人で書く時間を十分に確保してあげることを授業づくりのポイントとして挙げられる方もある。

また，一連の学習の最初に書いた答えと最後に書いた答えを自分で比較してみることによって，生徒個々が「私の考えは話し合ってよくなる」自覚や「各自違う意見を統合すると答えが見える」自覚を持つチャンスが生まれる。こうした自覚の繰り返しが，育てたい資質・能力の育成につながっていく。

授業者の側としては，一連の授業で本時生徒に学んでほしかった内容について，生徒の考えが授業の最初と最後でどのように変容したか，という観点から本時の授業の振り返りを行うことができる。こうした振り返りから，生徒たちにとって本時の課題は学びがいのあるものだったか，本時が終わった時点でまだ理解があやしいところはどこか（＝次の時間に学ぶべき内容は何か）が見えてくるだろう。

2 型の背景にある学びの原理

1 「知識構成型ジグソー法」の型が支えているもの

　本節では，「知識構成型ジグソー法」の授業の型の背景にある学びの原理について解説する。

　人の分かり方はそもそも一人ひとり多様であり，私たちは潜在的にその多様性，違いを生かしてよりよい考えをつくり上げていく協調的問題解決の力を持っている。しかし，もし教室の中で「正しい答えはひとつだ」「この子の考えは正しくて，私の考えは間違っている」「だから余計なことは言わない方がいい」といった感じ方を生徒がしてしまっているとしたら，こうした潜在的な力は持っていても発揮されにくくなってしまうだろう。

　「知識構成型ジグソー法」は，ひとつの問いに対して，みんなが「違う」役立つ考えを持っているという状況をつくり上げることによって，多様な分かり方に優劣をつけず，むしろ生かしていくような協調的な学びの力を引き出しやすくすることを支えている。

　ジグソー活動では，「一人では十分な答えが出ない問い」に対して，一人ひとりが異なるエキスパートの部品を持ってくるから，「私には人に伝えたいことがある」「私の考えは相手に歓迎される」「聞いてもらえる」という状況が自然と生じる。そこで他者と考えを出し合ってやりとりしていくと，「他の人と一緒に考えると，私の考えはよくなるな」という経験を積むことがしやすくなる。こうした状況が整えば，誰でもそうでないときよりずっと潜在的に持つコミュニケーション力などの資質・能力を発揮しやすくなる。

　ここからは，「知識構成型ジグソー法」で引き起こしたい「協調学習」について簡単に解説し，協調学習が起こりやすい学習環境の条件を整理しながら，型の背景にある学びの原理を解説していく。

2 ｜「知識構成型ジグソー法」で引き起こしたい「協調学習」

　「知識構成型ジグソー法」で引き起こしたいのは，学習研究の世界で「協調学習（Collaborative Learning）」と呼ばれている，個々人が他者とのやりとりを通じて自分の考えを見直し，よりよくしていくような学びである。

　一人ひとりが自分で主体的に答えをつくりながら，考えの違う他者との対話を通じて自分の答えを見直し，つくり変えてよりよくしていくことができれば，先生が正解を渡してあげなくても生徒は先生の正解に迫って超えていくような学びができるし，そうやって学んだ知識はあとになっていろんな状況でつくり変えながら活用されやすいものとなる。

　だから，「一人では十分な答えが出ない課題」に対して，「知識構成型ジグソー法」の型を使って話す力，聞く力，考える力をフルに発揮しやすくしてあげながら，こうした協調学習を一人ひとりの生徒に起こせるようにしたい。

　「知識構成型ジグソー法」の授業はよく「伝え合い」「教え合い」の授業と誤解されることがあるが，そこに目的があるのではなくて，違った考えを出し合う対話を通じて，一人ひとりが自分の考えをよくしていくところに目的があるということである。

　だから，例えば，エキスパートの生徒が他の生徒に説明するときには上手なプレゼンテーションを期待していない。そうでなくて，たどたどしくても自分の今考えていることを言葉に出して，それに他の生徒から「え？　ちょっと待って」「もう1回言って」「分からん」「なんで」がたくさん出てくるような自然なやりとりが起こせるとよい。その方が話し手の生徒にも，聞き手の生徒にも，話しながら考えを見直すチャンスになるからである。

　逆に，エキスパートの生徒がアナウンサーのように立て板に水で説明しだしたり，まとめてきたメモを読み上げだしたりしたら，聞いている方の生徒の理解がついていかないし，話している生徒も自分の話している内容について省察を働かせることが難しいだろう。こうしたかかわり合いは，対話を通じた理解の深まりにつながりにくい。

3 | 協調学習が起きやすい学習環境の条件

潜在的に持つスキルを発現する「必然性がある」
「協調学習」が起きやすい環境

● 一人では充分な答えが出ない課題をみんなで解こうとしている
● 課題に対して一人ひとりは「違った考え」を持っていて、考えを出し合うことでよりよい答えをつくることができる期待感がある
● 考えを出し合ってよりよい答えをつくる過程は、一筋縄ではいかない
● 答えは自分で作る、また必要に応じていつでも作り変えられる、のが当然だと思える

この4条件は，協調学習が起きやすい学習環境の条件を，これまでの学習科学研究や実践をもとに私たちがまとめてみたものである。こうした条件が整っているとき，私たちは日常様々な場面で資質・能力を自然と発揮しながら，やりとりを通じて自分の考えをよくしていくような学びを実現している。

(1)一人では十分な答えが出ない課題をみんなで解こうとしている

どういうときに，協調学習が起きるか。別の言い方をすると，人がやりとりをとおして自分の考えをよくする力を発揮するかと考えると，まず一番は「一人では十分な答えが出ない課題をみんなで解こうとしているような状況である」ということが必要だろう。

当たり前だが，一人で十分な答えが出せる問題に対して，わざわざ他人と考える必然性はあまりない。「一人では十分な答えが出ないかも」と感じてはじめて，他の人と一緒に考えてみる必然性が生まれると言ってよい。

⑵課題に対して一人ひとりは「違った考え」を持っていて，考えを出し合う
　ことでよりよい答えをつくることができる期待感がある

　そして，もうひとつ大事なのは，その課題に対して，自分たちがみんな持っている考えが違って，その考えを出し合うことでよりよい答えがつくれるんじゃないか，という期待を個々人が持てるということである。

　考えの違いというのは，言葉や態度に表現してみないとお互いに分からない。だから，まずそういったみんなが考えを外に出してみる表現のチャンスがあることが欠かせない。そのうえで，誰かが正解で他の考えは間違っているからいらないというのではなくて，いろんな考えを出し合う必要があるんじゃないかと思えないと，いろんな考えを出したり，聞いたりという活動には向かいにくい。

⑶考えを出し合ってよりよい答えをつくる過程は，一筋縄ではいかない

　3つ目に，そうやって，考えをつくっていく活動というのが，単なる情報共有とか，間違い探しで終わらない，行きつ戻りつの一筋縄ではいかない道筋であるときに協調的な学びが起きやすくなる。

　例えば，答えに関する3つのパーツをそれぞれが持ち寄っていたとして，せーので出し合った瞬間に「これを3つ並べて書いたら答え」になるのであれば，いろんな考えを比較検討したり，表現を吟味したりしながら考えをよくする学習にはつながらないだろう。考えを出し合った先に，例えばそのつながりを考えたり，共通点を考えたり，比較したり，それを活用して具体的な問題解決をしたりしてみることによって初めて，あぁでもない，こうでもないと議論が生まれ，考えを見直すチャンスがたくさん生じる。そんな活動を引き起こすためにはどうすればよいかを考えたい。

⑷答えは自分でつくる，また必要に応じていつでもつくり変えられる，のが
　当然だと思える

　そして最後に，学習者自身が答えは自分でつくる，また必要に応じていつでもつくり変えられる，のが当然だと感じていることを挙げたい。

　いろいろ考えても，最後は先生が答えをまとめてくれるとか，優等生のナ

ントカちゃんの答えに合わせるというのであれば，わざわざ自分で考えてみようと思いづらいだろう。

今の大学生は小中とたくさんの言語活動を経験している世代だが，彼らに聞いてみると，話し合いの授業は，話し合いの仕方を学んだり，意欲や態度を評価されるもので，問題の答えは結局最後先生がくれるものだと答えたりする。こうした自覚だと，対話と学びの深まりは切り離されてしまうだろう。そうでなくて，一人ひとりに自身が答えのつくり手なのだという自覚があるときに，対話を通じて自分の考えをよりよくしていくような学びが起こりやすい。

4 | グループ学習でこうした条件は満たされるか

ここまで「協調学習」が起きやすい環境の4条件を見てきたが，教室で単にペアやグループの学習を取り入れたら，どんな場合でも自然とこの4つの条件は満たされるだろうか。その教室の育んできた学びの文化や課題のレベルなどにもよるが，そうならない場合も多いのではないだろうか。

グループ学習を取り入れても，できる子が一人で解決してしまうとか，調べたことを発表し合って終わりになってしまうとか，先生の「答え」を待ってしまうとか，いろんなことが起こり得る。これは，課題が十分難しいという条件が満たされてないとか，違った考えを出し合うことの期待感が持ててないとか，答えは自分でつくるものと思えてないとか，そういう条件と関連しているだろう。

例えば，できる子が一人で解決してしまう，他の子はそれを写して終わりになってしまうような場合はどうだろう。苦手な子も参加できるようにレベルの低い課題を与えた結果，かえって得意な子がさっと解いてしまって，写させてとなるような場面も見られる。

そうならないように，調べ学習のような形で一人ひとりに発表機会を与えても，調べたことを発表し合って終わりになってしまう，そこから話が深まっていかないということもあるだろう。それぞれの持っている部品が生きる

課題がないと，なかなか考えを出し合って，よりよい答えをつくっていく学びは起きにくい。

あるいは，先ほども述べたように，結局話し合いは話し合いで，最後は「先生が答えを教えてくれるはずだ」となってしまう。これだと，話し合いの仕方はうまくなるかもしれないが，協調的な問題解決の力を引き出し，伸ばしてあげること，対話を通じて深い理解をつくるチャンスをあげることにはなりにくい。

5 │「知識構成型ジグソー法」を原理的に説明すると

⑴環境次第で同じ人ができることは違う

これに対して，「知識構成型ジグソー法」では，冒頭に申し上げたように，「一人では十分な答えが出ない問い」に対して，一人ひとりが異なるエキスパートの部品を持っているという状況をつくり上げることで，この4条件を教室での学習環境において実現しやすくし，「私には人に伝えたいことがある」「私の考えは相手に歓迎される」「聞いてもらえる」という状況を支える。

この型を使った実践を通じて見えてきたのは，「特別なトレーニングを積まなくても，環境次第で子どものできることは変わる」ということである。普段グループ活動で話をしない生徒が「知識構成型ジグソー法」の授業で話しているのを見て驚いたという先生方からの声をたくさんいただく。

これは大人の場合でも同じで，よく先生方に授業の体験をしていただくのだが，同じ部品について話し合うエキスパート活動では黙々と取り組み，なかなか口火を切りづらそうにしていた先生方が，ジグソー活動になると生き生きと意見交換しながら考えている場面もしばしば目にする。

仮の「エキスパート」があることによって，「伝えたい」「聞きたい」状況が生まれ，その人の本来持っているコミュニケーションや協調問題解決の能力が引き出されやすくなるためである。

⑵仮の「エキスパート」の意味

ひとつポイントになるのは，ここで仮の「エキスパート」と言っているこ

第2章 「知識構成型ジグソー法」の授業づくり　29

とである。この授業を行うときにひとつ先生方がネックに考えられがちなのは、「エキスパート活動で本当にみんながエキスパートになれるのか」「自分のエキスパートをきちんと説明できるのか」ということだろう。「ジグソーをやるためにトレーニングが必要なのではないか」というお声も伺う。

　この懸念に対する私たちの答えとしては、「本当にみんなが、先生から見て十分なエキスパートになったり、しっかりした説明ができたりする必要は必ずしもない」ということである。

　ここまで述べてきたように、この型の主な機能は「一人では十分な答えが出ない問いに対して、一人ひとりが何らかの言えそうなことを持っている」という状況をつくるところにある。その際、エキスパートの生徒の説明が答えを知っている先生から見て不正確、不十分でも、あるいは「こんな資料もらったんだけど、この意味が分からない」といった程度のものでも、それを次のジグソー活動の班に持っていくことで、その生徒しか持っていない考えの部品をジグソー活動のメンバーに提供することができると言ってよい。そこから先、さらによりよい答えにたどり着くために、その生徒が持っているエキスパートの部品をもう一度みんなで検討してみるような学び方があってもよいだろう。

　だから、「エキスパート活動」と言ったときに、生徒が「エキスパートにならないと」と頑張ったり、生徒に「次の班に行ったらその内容を知っているのは自分だけだから、しっかり説明できるように準備してね」と声をかけたりすることはよいが、先生自身が本当に「全員がエキスパートになるまで次のジグソーには進めないぞ」と考えてしまわないようにしていただきたい。

　もちろん、想定外にエキスパート活動が進まなかったりした場合、時間を多めに取ったりということもあり得るが、原則的には、エキスパート活動は、あくまでジグソー活動での問題解決において「一人ひとりが違う考えを持っている」という状況を保障するための場づくりであり、メインの活動であるジグソー活動を普通のグループ学習より「持っている資質・能力」を発揮しやすいものにするためのステップであると考えていただけるとよい。

だから基本的には，「知識構成型ジグソー法」の授業を行うためにトレーニングが必要だというより，ジグソー自体が資質・能力を発揮しやすい場をつくって伸ばしてあげるトレーニングになっていると考えていただけるとよいだろう。

(3)「知識構成型ジグソー法」と学級経営の関係

　実践を重ねられた先生方からは，「知識構成型ジグソー法」を使った学習を通じて，友達と学ぶ成功体験が，次の学びの意欲を引き出し，学級経営の改善にもつながるといった意見も多く伺う。

　これは確かにそうだとも言えるし，原理的に言えば「卵が先か鶏が先か」のような部分もあるかもしれない。と言うのも，普段の学級経営や授業で「答えはひとつ」「余計な考えは言わなくていい」といった文化を育てている教室では，なかなかジグソーの型があっても「違った考えを聞いてみるとよさそう」とか「答えは自分でつくる」という自覚を生徒個々が持つのは難しくなってしまいがちだからである。逆に普段から「分からない」と言い合える関係や違い，間違いを大切にする文化を育てている教室では，ジグソーの型でつくり出そうとしている「協調学習が起きやすい環境」の条件が自然につくり上げられやすくなっていると言える。

　先ほど「知識構成型ジグソー法」のために生徒に特別なトレーニングは不要だと申し上げたが，こうした学級の文化づくりのような面については，教室に「協調学習が起きやすい環境」を整え，主体的で協調的な学びを引き起こすための授業改善の両輪として普段から意識しておきたい。

3 授業づくりの視点

1 型が支えるものと個々の授業者に拠るもの

　ここまで述べてきたように，「知識構成型ジグソー法」の型は，「一人では十分な答えが出ない課題」に対して一人ひとりが違う考えを持っていて，それを組み合わせることでよりよい答えが出るだろうと期待できる学習環境をつくることによって，子どもたちが潜在的に持っている協調的な学びの力を引き出す手法である。

　しかし，こうした学習環境は，当然のことながら「ジグソーを使いさえすれば」整うわけではない。

　なぜなら「一人では十分な答えが出ない課題」というのは，当然，今目の前にいる生徒たちにとって「一人では十分な答えが出ない課題」である必要があるし，それに対して答えを出すのに教師側から与える部品も，彼らが今使えそうな知識に即して選んであげる必要があるからである。

　目の前にいる生徒たちがどんな既有知識を持った学習者であるかを判断し，その彼らに対してどんなねらいで，どんな本時で，ひとまずのゴールに向けて，どんな問いによって，考え，表現してもらうかは，授業をする先生方お一人おひとりの授業デザインに拠ってくるのである。

2 授業づくりのポイント1：問いの設定

　だから，授業をデザインする際には，問いが本当に本時の生徒たちにとって「一人では十分な答えが出ない」ものになっているか，本時の生徒たちにとって，問いたい，問うに足る問いを設定できるかが一番重要になってくる。

　また，3番目の条件にかかってくる部分だが，その問いに対するゴールがABC3つのエキスパートを持ち寄ってただ並べたらよいようなものではな

く，そこから考えを出し合って，何度も理解を見直すことを誘発するような
質の高い問いとゴールの設定になっているかも重要である。

本時の生徒たちにとって、問いたい、問うに足る問いを設定できるか

● 一人では充分な答えが出ない課題をみんなで解こうとしている

● 課題に対して一人ひとりは「違った考え」を持っていて、考えを出し合うことでよりよい答えをつくることができる期待感がある

● 考えを出し合ってよりよい答えをつくる過程は、一筋縄ではいかない

問いは、考えを出し合って、何度も理解を見直すことを誘発するような質の高い問いか

3 │ 授業づくりのポイント2：単元の流れにおける本時の位置づけ

　授業づくりのポイントの2つ目は，単元など一連の学習の流れにおける本
時の位置づけを明確にすることである。このことには2つの意味がある。

　ひとつは先ほどのポイント，問いの設定と密接にかかわり合うことだが，
設定した課題が「本時の生徒たちにとって取り組みがいのあるものになって
いるか」である。

　「本時の」というのがポイントである。生徒は毎時間，毎時間理解を前に
進めているはずなので，同じ課題，同じ生徒でも数時間前に実践していれば
「考えがいのある」課題だったのが，授業の流れによってはもう「一人で十
分答えが出てしまう」ような取り組みがいのない課題になってしまうことも
ある。また，逆に課題や資料の中で前提としている考えなどに新奇なものが
多すぎて，生徒が課題の把握を行うこと自体が難しい場合も，本時の生徒た

第2章　「知識構成型ジグソー法」の授業づくり　33

ちにとって取り組みがいのある課題とは言えないだろう。単純に，この単元の教材というだけでなく実施のタイミング，一連の授業の流れを踏まえて，本時の生徒実態に適切な課題の設定を行う必要がある。

ふたつめは，本時の授業のデザインをする際に，本時の中だけで考えずに，単元全体の流れの中での本時の位置づけを考えることである。

これまで50分で教えていた内容を単純に50分の「知識構成型ジグソー法」の授業に落とし込もうとすると，時間内に完結せず，「これじゃあ年間指導計画通りに進まない」というお話を伺うことがしばしばある。生徒が一生懸命話しながら考える授業なので，どうしても時間を十分取ってあげたくなるので，そういったことも起こり得るだろう。

逆に，これまで3コマ使って教えていた内容を2コマ分のジグソー授業としてデザインしてみたらどうだろうか。じっくり考えて各自が大筋の理解を持ったうえで，もう1コマ基礎的な事項を確認する演習や講義の時間を取ることもできるだろう。「知識構成型ジグソー法」の授業の次の時間は，講義の視聴率が高いといったお話もよく伺う。自分で考えて分かりかけてきた内容については，生徒は主体的に聞くことができるためだろう。

このように，これまでの「これが1時間で教える内容」という縛りをいったん見直して，単元全体のデザインを行ってみると，「知識構成型ジグソー法」のような授業の生かし方も違って見えてくるのではないだろうか。

4 | 実践例の活用

ここまで述べてきたように，「知識構成型ジグソー法」の型を使いさえすれば，ではなく，型を使ってどのような問いを設定し，授業をデザインしていくかが重要である。もちろん，最初からお一人で考えていくのは難しいだろう。続く第3章で紹介する実践例や第4章の授業づくりのポイント―Q&A―も参考にされながら，授業づくりにチャレンジしていただきたい。

5 | 授業案の書式

　最後に，続く第3章で使用している CoREF 様式の授業案の各項目についてご説明し，その背景にある考え方についても触れたい。

1	授業のねらい
2	メインの課題
3	児童生徒の既有知識・学習の予想
4	期待する解答の要素
5	各エキスパート
6	ジグソーで分かったことを踏まえて次に取り組む課題・学習内容
7	本時の学習と前後のつながり
8	上記の一連の学習で目指すゴール
9	本時の学習活動のデザイン
10	グループの人数や組み方

　東京大学 CoREF では，「知識構成型ジグソー法」を用いた授業づくりのポイントを明確にするために独自の授業案の書式を使用している。

　授業案の中心となるのは，「メインの課題」とそれに対する「児童生徒の既有知識・学習の予想」及び「期待する解答の要素」である。

　授業づくりにあたっては，まず「授業のねらい」に即して，本時で生徒に考えてほしい課題を明確にし（「メインの課題」），それに対して授業前に生徒がどんなことを書けそうなのか，生徒の既有知識の実態を見積もり（「児童生徒の既有知識・学習の予想」），それが授業後，どのように深まってくれるとよさそうなのか，教科の本質に即して期待する解答に含まれていてほしい要素を設定する（「期待する解答の要素」）。

　その上で，本時の「児童生徒の既有知識・学習の予想」から出発して「期待する解答の要素」に至るために，どんな部品が必要になるのかを考え，各エキスパートの設定を行っていく。

　授業をデザインしていく際には，これまでの学習の流れを踏まえて，本時

第2章　「知識構成型ジグソー法」の授業づくり　35

の生徒にとってちょうど取り組みがいのある課題とはどのようなものかを生徒実態から考える必要がある。そのために「本時の学習と前後のつながり」を生徒が何を学んできたか，本時の段階でどんな知識が使えそうか，という視点から整理する必要がある。本時の学習は，本時だけで終わるわけではなく，次の学びにつながっていく必要があるから，「ジグソーで分かったことを踏まえて次に取り組む課題・学習内容」も射程に入れた授業デザインをしておきたい。

　また，本時の課題に対してどんな答えを出してくれれば教科の本質に即して深まりがあったと言えそうかという「期待する解答の要素」を明確にするためには，本時だけでなく「上記の一連の学習で目指すゴール」を意識しておく必要がある。

　「本時の学習活動のデザイン」や「グループの人数や組み方」は，実際に授業を行ううえでの流れに関連する部分である。50分で「知識構成型ジグソー法」のすべての学習活動を行う授業もあれば，２コマ使って行う授業もある。また，「知識構成型ジグソー法」と問題演習や発展的な探究などを組み合わせて一連の学習活動をデザインする場合もあるだろう。

　このように，CoREF様式の授業案は「知識構成型ジグソー法」の授業づくりで大事にしたい視点を押さえたものになっている。こうした授業デザインの作業は最初はなかなか一筋縄ではいかないが，教科のねらいについて同じ教科の仲間と意見交換する以外にも，生徒の実態について校内で意見交換したり，また「人はいかに学ぶか」の理論や経験則に基づいていろんな先生方とプリントの作り方や活動の持ち方などについて意見交換したりしながら，案を固めていけるとよい。他教科の先生方に「生徒役」になってもらって，実際に教材に取り組んでいただくような検討方法もお勧めしたい。

第3章

「知識構成型ジグソー法」
の実践例

実践例について

　はじめに本章の構成について示す。ここでは，本章で扱う実践例の見方を
紹介し，続く p.40以降では，様々な分野から，計6つの「知識構成型ジグ
ソー法」を用いた実践例を紹介する。なお，実践者の先生方のご所属は，実
践当時のものである。

　東京大学 CoREF では，平成22年度から全国の小中高等学校，都道府県及
び市町の教育委員会等と「新しい学びプロジェクト」という研究連携を組織
し，「知識構成型ジグソー法」を用いて「協調学習」を引き起こす授業づく
りの実践研究を行ってきた。こうした研究連携で開発された教材は現在小中
高様々な教科で合わせて2000を超える。

　ここでは，こうした教材の中から中学校国語の様々な場面における「知識
構成型ジグソー法」の活用例を示すことを目的に，6つの事例を紹介したい。

1年	物語文『少年の日の思い出』	…p.40
2年	詩『レモン哀歌』	…p.58
	評論文『恥ずかしい話』	…p.74
3年	古文『夏草―「おくのほそ道」から』	…p.92
	評論文『ネット時代のコペルニクス―知識とは何か』	…p.109
	『読書活動をデザインしよう』	…p.127

　もちろん，これら以外の単元での実践も多く存在するし，これらの単元に
おける他の切り口の実践例も多く存在する。こうした他の実践例については，
続く第4章でも簡単に紹介している。

本章の実践例はすべて次のような構成でご紹介している。

1　実践の概要と成果	授業実践の概要の紹介と成果の分析，実践からの示唆のまとめ
2　授業案及び教材	CoREF 書式による授業案と実際の授業で使われた教材プリント
3　実践者の声	実践者の先生へのインタビュー

　「1　実践の概要と成果」は東京大学 CoREF の研究者がワークシートや対話記録など生徒の学習の記録をもとに執筆した。「2　授業案及び教材」は授業にあたって実践者が作成されたものである。第2章で解説したように，この授業案の書式には授業づくりのエッセンスがつまっている。2を参照していただきながら，1から授業の中で生徒が何をどのように学んでいたか，そこから何が見えてくるのかをご覧いただきたい。
　「3　実践者の声」は東京大学 CoREF の研究者が実践者の先生に行ったインタビューを編集したものであり，本時の授業に限らず，これまでの経験から「知識構成型ジグソー法」の手応えや授業づくりのポイントなどについて語っていただいている。それぞれの先生方における探究的な国語の学びに対するこだわりや葛藤，それに基づく，あるいは対比しての「知識構成型ジグソー法」の授業づくりについての豊かな知見をご参照いただける。
　最後に，紹介する6つの実践例はどれもあくまで，あるひとつの教室で，ある一人の先生のねらいに沿って行った授業である。教室が違えば，先生が違えば，また違ったアレンジがあり得るだろう。また，実践から見えてきた課題点もそのまま収録している。したがって，「この通りすればよい，しないといけない」という模範ではなく，こんな生徒で，こんな先生の考えのもと，こんな教材で試してみたらこんな成果と課題が見えてきたという参考例とお考えいただきたい。そうした視点で見ていただいたとき，必ず読者の先生方が授業をデザインされるうえで活かせる実践集になっているはずである。

第3章「知識構成型ジグソー法」の実践例　39

1年　物語文『少年の日の思い出』

実践例1

僕がちょうを粉々にした意味を説明しよう

1 ┃ 実践の概要と成果

⑴授業のデザイン

　本節で取り上げる実践は，大分県の豊後高田市立高田中学校財前由紀子教諭によって１年で実践された『少年の日の思い出』の授業である。

　授業は，６時間で構成されるこの単元の３―５時間目途中までの（計100分程度）を使って実践された。事前の２時間に，作品を全文通読して感想を書く活動，難解語句の意味調べ，場面分けをしながらの全体構成を確認したうえで，一連の授業に入った。

　「知識構成型ジグソー法」の部分では，主人公「僕」のちょう集めに対する姿勢，「エーミール」に対する「僕」の見方，事件後の「僕」の心情という３つの視点から本文を改めて読み直し，最終場面での「僕」の心情を文章に即して深く掘り下げることをねらった。実施クラスは，話し合い活動には協力して熱心に取り組めるものの，小説の文章にじっくりと向き合って人物描写を読みとり，登場人物のものの見方，感じ方，生き方を捉え，読みを深めていく経験は必ずしも十分でなかった。そこで，こうした授業が設定された。

　授業のデザインを，表１に示す。メインの課題は，「『僕』が，『ちょうを一つ一つ取り出し，指で粉々に押しつぶしてしまった』ことの意味を説明する」である。この課題は，初読の感想で生徒から多く出てきた疑問から設定されているが，同時に，作品の主題に迫るために重要な課題として教科書や指導書などでも多く取り上げられる課題である。

　授業では，１コマ目に個人で課題について考えを書いた後，エキスパート活動を行った。エキスパート活動で生徒は３・４人のグループで相談しなが

40

ら，ワークシートに教師が記載しておいた「例」を参考に，それぞれのエキスパート課題について，自分の意見と根拠になる文を書きだす活動を行った。2コマ目は，各エキスパート班でジグソー班に伝えるべきポイントを確認してから，ジグソー活動に移り，メインの課題の答えを考えた。その後，クロストークでは，「『僕』はどんな人物か」に着目しながら各班の答えを比較検討した。クロストークは2コマ目後半から3コマ目へつないでじっくり行った後，改めて個人で「『僕』が，『ちょうを一つ一つ取り出し，指で粉々に押しつぶしてしまった』ことの意味」を説明した。

表1 『少年の日の思い出』の授業デザイン

課題	「僕」が，「ちょうを一つ一つ取り出し，指で粉々に押しつぶしてしまった」ことの意味を説明しよう。
エキスパート A	2～4場面を読み，本文中の記述に基づいて意見をまとめる。 ・「僕」がちょう集めをするのにどんな様子だったか。 ・なぜ盗んでしまうほどだったのか。
エキスパート B	2～4場面を読み，本文中の記述に基づいて意見をまとめる。 ・「僕」はエーミールをどういう人だと思っていたか。 ・なぜ，そのような描かれ方をしているのか。
エキスパート C	謝罪の場面を読み直し，本文中の記述に基づいて意見をまとめる。 ・「エーミール」とのやりとりで「僕」はどんな行動をしたか。 ・「僕」はなぜ謝れなかったのか。
期待する解答の要素	・ちょうに熱情のすべてを注いでいたにもかかわらず，珍しいちょうを傷つけてしまったことへの「僕」の自己嫌悪。 ・「エーミール」に対する常日頃からの劣等感や妬み。 ・「エーミール」のちょう集めに関する軽蔑や非難により，「僕」の自尊心が大きく傷つき，激しい怒りを感じたこと。 ⇒ちょうをつぶしたことには，それらをすべてなかったことにしようとする意味があった。

⑵学習成果―授業前後の理解の変化から―

　授業前後に生徒たちが「『僕』が，『ちょうを一つ一つ取り出し，指で粉々に押しつぶしてしまった』ことの意味」について何を説明できたかに基づいて，学習成果を確認してみたい。

　表2に生徒の授業前後の解答の例を示す。

　まず全体の傾向を確認すると，授業前には贖罪といった規範的な説明や，ムカついたからつぶしたという単純な説明をした生徒がほとんどで表1の「期待する解答の要素」に言及した生徒は3人に過ぎなかった。対して授業後には，24人中20人の生徒が「期待する解答の要素」を踏まえた説明になっており，生徒の理解は大きく深まったと言える。

表2　授業前後における解答の例

	授業前	授業後
Aさん	ちょうを一つ一つ粉々にしてしまったから。もう集める意味がないと思ったから。気持ちの整理がつかなかったから。	ちょうをつぶした意味は，エーミールから全否定されたことにより，ちょうの価値も自分の価値もすべてつぶされたような感じになり，エーミールの怒りと珍しいちょうをつぶしてしまった自分への怒りにより，自分が今までやってきたことを一つ一つ自分の手で消したかったから。
Bさん	自分がやってしまったことが取り返しのつかないことだと思い，情けとして。	エーミールのクジャクヤママユを盗み，つぶしてしまったことは取り返しのつかないことだし，何より，ちょう好きの僕が，珍しく美しいクジャクヤママユを自分の手でつぶしてしまったことが自分をすごく傷つけた。そのため，自分のちょうを見ると，エーミールのクジャクヤママユを思い出して，また，自分がつらい思いをするから，自分がしてしまったことを一つ一つかみしめながら自分のちょうをつぶしていったのだと思います。

Ａさんは，「ちょうの価値も自分の価値もすべてつぶされたような感じ」という言葉で「僕」の自尊心が傷ついたことをうまく表現している。

　他方，Ｂさんは，「自分の手でつぶしてしまったことが自分をすごく傷つけた」という言葉で「僕」の自己嫌悪の気持ちを捉えていることが分かる。

⑶実践を振り返って
①授業における生徒の学び

　以上より，本時の授業デザインは，生徒にとって一読では解釈が難しかった作品の最終場面での「僕」の行動の意味を，心情の変化を本文に基づいて丁寧に把握したうえで改めて読み解くことによって，自力で深く解釈させることに成功していると言える。

　本作品の最終場面については，専門家の間でも多様な解釈があり，一概にひとつの答えを正解とすることはできない。しかし，「僕」が「熱情」を注いだちょうを「粉々に押しつぶす」行為に至ったのは，「僕」自身のやり場のない感情のためであるという点では解釈が一致している。一方生徒たちは，そうした僕の内面を一読で十分に読みとることは難しい。本事例でもそうであったように，「他人のものを盗んだ罪を償うため」など，本文の叙述を離れた規範的な解釈にとどまる場合も多い。

　本事例では，そうした当初の読みを，専門家の解釈を教わることによって訂正するのではなく，自分たちで本文と向き合うことによって再構築していくような学びを引き起こせたと言えよう。

　重要な表現やセリフに目をつけて，文の意味を改めて自分たちで噛み砕く活動や，複数の視点から確認した事実を関連づけて登場人物の見方・考え方を掘り下げる活動をとおして，生徒たちは作品の最終場面についてより深い解釈に至ることができた。こうした学びの経験はまた，ひとつの作品の読みを深めるだけでなく「いったん読み終えた作品でも，本文と丁寧に向き合えばさらに深い世界を味わえるかもしれない」という意識の育成にもつながっていくだろう。

②考察

　文学作品を扱った授業において，グループでの思考や対話の場面を設定しようとする際，感想や疑問の出し合いといったオープンエンドな課題設定も多く見受けられる。それに対して，本事例のひとつの特徴は，グループでの対話を中心にした授業を，一斉授業で扱うような作品の主題に迫るクローズドエンドな課題を軸にデザインしている点である。

　本授業での生徒の学びの事実からは，こうした課題についてグループで納得のいく答えを探究していくような授業デザインが，生徒たちが主体的・対話的に作品世界を読み深めていく学びを引き起こす可能性を示している。エキスパート活動からジグソー活動へ向かう2段階のグループ活動を活かし，作品のより深い解釈に至るための要点を確認したうえで，「僕」の行動の意味を自分たちで明らかにしていくような学習のプロセスを仕組むことにより，自分たちなりの読みと専門家から見ても深い解釈を両立させようとした点が，授業デザインのポイントと言えよう。

　「知識構成型ジグソー法」を同様のパターンで活用した例は，学年，校種を超えて様々なものがある。

　例えば中学校3年では，魯迅『故郷』を題材に，

「情景描写」

「登場人物の変化」

「場面設定」

という視点から本文をじっくり解読したうえで，「この小説の結末にはどのような意味があるのか」という課題で主題に迫った実践がある。

　こうした授業デザインは，生徒の読みをある程度「誘導」する効果を持つ。だからこそ，誘導が無理なものにならないように，授業中の一連の活動をとおして実現させたい学びの深まりのプロセスを明確に想定したうえで教材を作成することがカギとなる。実際に本実践でも，いったん資料が形になった後で，実際に各エキスパートで想定する解を書き出しながら，生徒にとって無理なくかつ適度に手応えのある学習になりそうかを具体的に検討した結果，

授業デザインの精度を高めることが可能になった。

　質の高い学びの実現を支えるためには，講義式の読解対自由な対話といった典型にこだわらず，生徒たちが自分たちで作品の読みを深める学びのプロセスを何度も想定する丁寧な授業づくりが大事になってくるだろう。

2 | 授業案及び教材

知識構成型ジグソー法を用いた協調学習授業　授業案

学校名	豊後高田市立高田中学校	授業者	財前　由紀子
授業日時	平成31年1月21日	教科・科目	国語
学年・年次	中学1年	児童生徒数	27
実施内容	少年の日の思い出	本時／時数	4／6

授業のねらい（本時の授業を通じて児童生徒に何を身につけてほしいか，このあとどんな学習につなげるために行うか）

　文学的文章を読むときは語り手に着目して読むことによって，語り手が作中人物をどう見ているかを捉える。文学的文章を読むときの視点「言動」「情景描写」「心情表現」を使って，主題に迫る。登場人物の考え方や感じ方，表現の仕方について自分の考えを持つ。捉えた登場人物の関係をもとに，別の視点で謝罪の場面を書き換える。

メインの課題（授業の柱となる，ジグソー活動で取り組む課題）

　『僕』が，「ちょうを一つ一つ取り出し，指で粉々に押しつぶしてしまった」ことの意味を説明しよう。

児童生徒の既有知識・学習の予想（対象とする児童生徒が，授業前の段階で上記の課題に対してどの程度の答えを出すことができそうか。また，どの点で困難がありそうか）

　「ちょう集めをすることが嫌になってつぶしてしまったのではないか」「自分のちょうをつぶすことによって償いをした」という答えが出てくるだろう。しかし，コムラサキの一件でいい印象を持っていなかったエーミールに軽蔑をされ，素直に謝罪できない「僕」の心情まではつかめていないだろう。また，エーミールに対する強い劣等感（裕福な家庭の子どもということだけではなく，ちょう扱いの点でも負けているという）が「一つ一つ指で粉々に…」という行為に結びついているということも，出てこないと考えられる。

期待する解答の要素（本時の最後に児童生徒が上記の課題に答えるときに，話せるようになってほしいストーリー，答えに含まれていてほしい要素。本時の学習内容の理解を評価するための規準）

ちょう集めに熱中した少年「僕」は，クジャクヤママユを見たいという思いから，手に入れたいという誘惑に負けて盗んでしまったが，壊すつもりはなかったことを謝罪にいった。説明しようと試みるが，その前にエーミールに，ちょうの扱いをめぐって非難されてしまう。「僕」の幼年時代のすべてといっても過言ではないちょう集めを否定され，深く傷ついてしまう。自尊心を傷つけられた「僕」は，すべてを終わらせるために，収集したちょうすべてを粉々につぶしてしまう。

各エキスパート＜対象の児童生徒が授業の最後に期待する解答の要素を満たした解答を出すために，各エキスパートで押さえたいポイント，そのために扱う内容・活動を書いてください＞

A　「僕」がちょう集めをするのにどんな様子だったか。
　ちょう集めに熱心になるあまり，日常生活のほとんどをすっぽかしてしまう少年の様子。珍しいちょうが手に入ったと聞くと，いても立ってもいられない少年の様子（比喩法が使われている表現に着目）。「盗んだ」ことより「珍しいちょうをつぶしてしまったこと」の方が「僕」の心を痛めたこと。
B　コムラサキ事件での「エーミール」の言動から人物像を読み取る。
　「僕」の目から描かれた「エーミール」が，あらゆる点で模範少年であること。「エーミール」は，ちょう集めに関して自信を持っており，劣等感を持っていたこと（エーミールのちょうの取り扱い方，持っている道具の表現などに着目）。エーミールに対してねたみ，嘆賞しながら憎んでいたこと。せっかく手に入れたコムラサキをけなされたことで，エーミールを嫌いになっていること。
C　「エーミール」に謝罪にいった「僕」の行動描写を読み，心の動きを読み取る。
　出かける気になれなくて中庭にいたこと，壊れたちょうを見せてくれと「エーミール」に頼んだこと，説明しようと試みたという表現から謝罪させてもらえなかったこと，冷淡に扱われたこと，「そんなやつ」と軽蔑されたこと，ちょうの取り扱い方を否定されたことなどから，謝罪よりも怒りで相手に飛びかかろうとしたがすんでのところで止めたことなどから，素直になれない「僕」，ちょう集めのすべてを否定されたかのような態度に猛烈な怒りを抱いたことなどを読み取る。

ジグソーで分かったことを踏まえて次に取り組む課題・学習内容

　「母」「エーミール」のどちらかの立場で，謝罪にいく場面・帰ってきてからの場面を書き換える。

本時の学習と前後のつながり

時間	取り扱う内容・学習活動	到達してほしい目安
これまで	「花曇りの向こうに」「星の花が降るころに」「大人になれなかった弟たちに」	○題名と情景描写，場面の時間的効果，繰り返しや省略・比喩から作者の伝えたいメッセージをつかむ。
1・2時	全文通読・初発の感想 語句調べ・人物関係把握・場面分け・話者の転換	○関心を持って読むことができる。 ○初発の感想を書ける。 ○あらすじを捉えることができる。 ○誰の視点で書かれているかを知る。
前時	エキスパート活動 ○エキスパート班でそれぞれの課題を解く。 ・エキスパートA 「僕」がちょう集めをするのにどんな様子だったか。 ・エキスパートB 「僕」から見た「エーミール」とは，どんな人物か。 ・エキスパートC エーミールに謝罪にいった『僕』はどんな行動をしたか。	○描写から考えられることをまとめる。必要なところに線を引き，伝えたい表現は抜き出す。 ○比喩表現や，漢語や短文が多く用いられている効果について話し合う。 ○朝，昼，夏など明るい時間帯に注目し，「僕」が熱中しているようすをつかんでいる。 ○エーミールのちょうの取り扱い方，持っている道具の表現，エーミールの人物像を描いた表現を選び，プラスの印象を受ける言葉・マイナスなどの印象を受ける言葉に着目して話し合っている。 ○行動描写を読み，心の動きを読み取っている。

本時	ジグソー活動 ○ジグソー班で中心課題を解く。 ○「僕」が，「ちょうを一つ一つ取り出し，指で粉々に押しつぶしてしまった」ことの意味を考えよう。	○持ち寄った情報を出し合い，課題に取り組んでいる。 ○エキスパートで使った資料を見せながら，説明できている。
次時	「エーミール」「母」の立場になり，謝罪の場面を書き換える	○リライトの条件を使って，300字程度の文章を書くことができている。
このあと	リライトした作品を読み合う 交流する ○表現技法とその効果を知り，1場面の理由を考える。	○違う視点から書かれた『少年の日の思い出』を読んで，作中人物の心情に迫ることができている。 ○「過去の出来事をなぜ語ろうとしたのか」について自分の意見を書いている。

上記の一連の学習で目指すゴール	
A評価	誰の視点で書かれているかを知り，作中人物や構成から，主題について自分の考えを書いている。
B評価	誰の視点で書かれているかをつかみ，作中人物について本文を根拠に自分の考えを書いている。

第3章 「知識構成型ジグソー法」の実践例　49

本時の学習活動のデザイン

時間	学習活動	支援等
5分	本時のめあてと手順を確認する めあて 『僕』が,「ちょうを一つ一つ取り出し,指で粉々に押しつぶしてしまった」ことの意味を説明しよう。	
5分	○前時の振り返りをし,話すことの準備をする。	○書いたことを読むのではなく,話してほしいと指示する。 ○話を苦手とする生徒には単語でもよいこと,根拠となる文章は教科書の本文を示すことなどを指示する。 ○言葉の羅列をしている班には,支援して,生徒の言葉を引き出す。
15分	ジグソー活動 課題1 「僕」はどんな人物か。 課題2 「僕」が,「ちょうを一つ一つ取り出し,指で粉々に押しつぶしてしまった」ことの意味を説明しよう。 ○「僕」が,「ちょうを一つ一つ取り出し,指で粉々に押しつぶしてしまった」ことの意味を考えて,答えをホワイトボードに書く。	○熱中したら,周りが見えない人。 ○持ち物から,エーミールをちょうを扱う技術も,上の人,自分より上の人と見ている(妬んでいる)。 ○謝ろうとしたけど,謝れていない。 ○軽蔑をされ,ちょうに関することまでも馬鹿にされ,プライドがズタズタにされたので,逆に怒ってしまう。
15分	クロストーク ○班で出たことを全体で交流する。	○償い(謝罪にいった場面ですべきだったのでは?),怒り(誰に対

50

	みんなの意見を踏まえて，自分なりの答えを書く	○ストレス，怒りなどの言葉が出てくるが，誰（何）に対しての怒りなのか，ストレスなのか，問いかけて，解答を引き出していく。
5分	ちょう集めに熱中した少年「僕」は，クジャクヤママユを見たいという思いから，手に入れたいという誘惑に負けて盗んでしまったが，壊すつもりはなかったと謝罪にいった。説明しようと試みるが，その前にエーミールに，ちょうの扱いをめぐって非難されてしまう。「僕」の幼年時代のすべてといっても過言ではないちょう集めを否定され，深く傷ついてしまう。自尊心を傷つけられた「私」は，すべてを終わらせるために，収集したちょうすべてを粉々につぶしてしまう。つまり，ちょうをつぶすことは，少年時代との決別だった。	

グループの人数や組み方

エキスパート班・ジグソー班…3人×9班

第3章 「知識構成型ジグソー法」の実践例　51

個人で取り組むプリント

「今までの自分を思い出して」　ワークシート①・③

１年１組（　　）番（氏名　　　　　　　　　）

１　初めに自分の考えを書こう

> 「僕」が「ちょうを一つ一つ取り出し、指で粉々に押しつぶしてしまった」ことの意味を説明しよう。

２　グループ活動

グループ課題

> 「僕」が「ちょうを一つ一つ取り出し、指で粉々に押しつぶしてしまった」ことの意味を説明しよう。

↓

ホワイトボードに書く

↓

３　クロストーク（全体交流）

４　最後に自分の考えを書こう。

まとめ

エキスパート活動のプリント(A)

ワークシート②　「もう一つの山に登って」

1年1組（　　番）氏名（　　　　　　　　　　　）

エキスパート　（②・③・④場面で探そう）

課題
- 「僕」は、ちがうお客を見るたびに、どんな様子だったか。
- なぜ、盗んでしまおうとしたのか。

← 教科書で探し、分かるところに線を引く。

※自分の意見のもとになる（根拠となる）文章を書こう。

[例]

1　友人はかつて自分のちょうを、ヒントのついた高い値段の中から用心深く取り出し、僕はうらやましさの塊、熱情的な収集家だったのだ。

2

※クラスで見えなかったとしてももともとエキを使わないと...

さて、「僕」は

第3章　「知識構成型ジグソー法」の実践例　53

エキスパート活動のプリント(B)

「文で綴る自分の思い」ワークシート②

1年1組(　番)　氏名(　　　　　　　　　　)

○キスパートB　(2・3・4　場面を選ぶ)

課題

- 「僕」は「エーミール」をどういう人物だと思っているか。
- なぜ、そのような描かれ方をしているか。

← 教科書で探し、わかるように線を引く。

※自分の意見のもとになる（根拠となる）文を書いていく。

例
セリフ、態度の様子から見ながら
中庭の向こうにせぐら先生の奥さんだった。

※ワークシート①で書いた自分の意見の理由を考えてエキスパートをつくろう。

○まとめ：「僕」はエーミールを、

54

エキスパート活動のプリント(C)

「少年の日の思い出」ワークシート ②

1年1組（　番）氏名（　　　　　　　）

OHエキスパートC　（4 場面で探そう）

課題

・「僕」と「エーミール」のやりとりで、「僕」はどんな行動をしたか。
・「僕」はなぜ、謝れなかったのか

教科書で探し、わかるところに線を引く。

※自分の意見のもとになる（根拠となる）文を書こう。

例
僕は早く家に帰る気になれなかったので。母は僕が苦慮しているのを見つけて

※ワークシート記入がおわらない場合は、色を考えるなどして工夫するとよい。

しまい、

第3章 「知識構成型ジグソー法」の実践例　55

3 │ 実践者の声（豊後高田市立高田中学校　財前由紀子教諭）

「知識構成型ジグソー法」の授業の手応えは？

かねてより，『故郷』や『走れメロス』など，文学教材の読解を教師主導で行うことに疑問を持っていました。それで「知識構成型ジグソー法」を使ってみたところ，私が一生懸命解説していたことを生徒たち自身が説明できたんです。「なんだ，言わなくてもいいじゃないか」と思いました。

そういう経験をとおして，「知識構成型ジグソー法」を効果的に取り入れることで，生徒たちが自立した読み手になれるという手応えを持っています。中学生が文学作品を読むときは，自分の読みに自信がない反面，自分の読みに固執してしまうところもあります。それがこの型を取り入れると，友だちとの対話の中に「あ，それは」と思える言葉の片鱗を見つけて，新しい気づきを得たり，読みを見直したりするチャンスが増えているように感じます。

それは，「知識構成型ジグソー法」では多様な生徒たちの間で学びの深まりにつながるような対話が生まれやすいからかもしれません。

例えば，苦手な生徒たちが「どういうこと？」と繰り返し聞くことで，得意な子が噛み砕いて解釈を深める。その噛み砕いた解釈を聞いて苦手な子が分かる。そうすると，間に入って黙っていてやりとりを聞いている子も，聞きながら考えて「あ，そういうことか」と思える瞬間が来る。ペアやグループでの学習は以前から取り入れていましたが，「感想を出し合おう」とか「まとめよう」で話し合わせても，なかなかそういうことは起こりませんでした。

授業づくりや授業の中で気をつけていることは？

授業のデザインにおいては，メインの課題とエキスパート資料の対応がポイントで，エキスパートをきちんと課題に生かせるように設定することが大事だと考えています。

今回の場合は，生徒が一人で読むときには，主人公の内面のドロドロした

部分にちゃんと向き合うことが難しいので，そこにフォーカスして，読みを深められるような設定にしました。単に文章の前半／中盤／後半3分割とかではなくて，どういう部品ならその教材の読み取りを深められるかを考えて設定したいと思っています。また，エキスパートの資料をつくるときは，内容だけでなく，資料の分量や画像を提示するなど，読ませるための工夫も大切だと考えています。

　次に，授業中の支援ですが，グループ分けについて，その教科が得意な子と苦手な子を組み合わせることはあえてしないようにしています。意図的にグループを組むと，生徒は「この子に頼ればいいのね」ということにすぐ気づいてやる気をなくしてしまうからです。最初は不安でしたが，授業では「エキスパートで見落としていたポイントを，クロストークで他班の発表を見て気づいた」という場面もあったので，エキスパートがうまくいかなくても，ジグソーして，クロストークして，どこかで修正していけばいいな，と思えるようになりました。そこでグループへの介入も，課題が受け取れてない場合のみにとどめ，生徒に任せるようにしています。

これからこの授業に取り組んでみようと思っている先生方に一言

　チョーク＆トークの授業に飽きていたり，行き詰まりを感じたりしている方はぜひ試すといいと思います。

　「知識構成型ジグソー法」を取り入れると，ひとつの作品について自分も一緒にいろんな解釈を楽しめる授業が可能になります。まずは文学とか詩歌とか，生徒たちの発想のおもしろさに出会えるようなもので，既存の教材を真似してやってみることをお勧めします。仮にそのままやったとしても，ちょっと困ったときにマイナーチェンジしながら進めていけば十分な手応えが得られると思います。

　この授業では，教師の出番は裏方で，生徒たちがうまくのってくるかは準備が万端かどうかにかかっています。授業を組み立てる裏方仕事の手応えを，授業中の生徒の対話で実感できるところに大きな魅力があります。

2年　詩『レモン哀歌』

実践例2
....
智恵子の写真の前にレモンを置くのはなぜ？

1 ｜ 実践の概要と成果

⑴授業のデザイン

　本節で取り上げる実践は，高知県立高知南中学校久万真央教諭によって2年で実践された『レモン哀歌』の授業である。

　授業者はこの単元を2時間で構成し，「光太郎が，今日も智恵子の写真の前に『レモン』を置くのはなぜだろうか」をそのメインの課題として設定した。1時間目に音読を行い，語句の意味や時間軸について確認したうえで個々人が問いについて最初の考えを持ったのち，2時間目に「知識構成型ジグソー法」を活用して異なる観点から作者の思いやこの詩におけるレモンの意味に迫る授業を行った。

　授業のデザインを，表3に示す。本時は「抽象的な概念を表す語句や心情を表す語句に着目して読むこと」を主なねらいとしている。

　『レモン哀歌』は，愛する妻の死の場面を題材としながらも，肯定的な表現や明るい色彩が散りばめられており，そこには妻を失った深い悲しみだけでなく，明るい愛の力によって乗り越えていこうとする作者自身の思いを読み取ることができる。この詩において，「レモン」は，死の直前の智恵子が覚醒し，夫婦に愛を通わせる最後のチャンスを与えたものとなっており，また亡き智恵子をしのぶ象徴的な存在ともなっている。メイン課題によって，詩に込められた作者の前向きな思いや「レモン」が何を象徴しているのかを読み取らせることが目標となる。

　「知識構成型ジグソー法」の一連の流れとしては，第1時の最後に個々人でメインの課題について考えを持ったのち，第2時ではまず，外部資料から光太郎と智恵子の背景を読み取るエキスパートA，詩の中の描写からレモン

58

の意味について考えるエキスパートB，詩における色の描写に着目してこの
詩における臨終の場面の描かれ方について考えるエキスパートCに分かれ，
各観点から考えを深めるエキスパート活動を行った。続けて，ジグソー活動
で３つのエキスパートを担当した生徒が考えを交流，メインの課題について
班で答えをつくり，クロストークで各班の答えを聞き合った後，最後に個人
でもう一度メインの課題について整理するという流れで授業を行った。

表3 『レモン哀歌』の授業デザイン

課題	光太郎が，今日も智恵子の写真の前に「レモン」を置くのはなぜだろうか。
エキスパートA	光太郎と智恵子の関係を説明する資料をもとに，光太郎の智恵子に対する愛情の深さ，智恵子が病んでしまったことによる光太郎の悲しみや寂しさを読み取る。
エキスパートB	詩の中の描写の意味を考えることをとおして，「レモン」が光太郎にとってどのような存在になったかを捉える。
エキスパートC	詩の中に現れる「色」と一般的な「死のイメージ」の対比から，智恵子の臨終の場面が作者にとって明るく前向きな要素を含んでいることを捉える。
期待する解答の要素	・レモンが病床の智恵子を正気に戻す役割を果たしたこと。 ・レモンは光太郎にとって智恵子との愛の象徴になったこと。 《期待する解答例》 　レモンは心身を病んでいた智恵子を正気に戻す役割を果たし，そのおかげで死の直前に愛情を交わすことができた。作者は智恵子の死をただ嘆くのではなく，その日のことを忘れないように，また，智恵子の愛を死後も感じるために今日もレモンを写真の前にささげるのだと思う。

⑵学習成果―授業前後の理解の変化から―

　授業前後に各自が「光太郎が，今日も智恵子の写真の前に『レモン』を置くのはなぜだろうか」というメイン課題に対して何を説明できたかに基づいて，学習成果を確認してみたい。

　授業を受けた生徒は，29名である（うち１名はワークシート未提出のため除外した）。表４は２つの期待する解答の要素を規準に，授業における学習成果を評価したものである。合わせて，表５に，３名の生徒について授業前後の解答の実際を示した。

表４　『レモン哀歌』の授業における学習成果（N＝28）

期待する解答の要素	授業前	授業後
レモンが病床の智恵子を正気に戻す役割を果たしたこと	2	16
レモンが光太郎にとって智恵子との愛の象徴になったこと	1	15

表５　『レモン哀歌』の授業前後の解答の例

	授業前	授業後
Aさん	智恵子がレモンを好きだったから。	智恵子が最期にレモンを食べた時，心が病む前の智恵子に戻ったから，死んでしまった後でもそばにレモンを置くことで（もとの智恵子として）やすらかな死になると思ったから。
Bさん	智恵子が食べてくれると思ったから。	レモンは愛を確かめ合わせ愛を送った。
Cさん	わからない。	お互いレモンのように苦い経験をしてきたからこそ，わかり合える喜びがあり，智恵子が死んでしまっても，そばにレモンを置いておけばきっと智恵子もそばにいてくれるだろうと思ったから。

メインの課題に対して，２つの期待する解答の要素のいずれか１つに言及できた生徒は授業前（第１時の最後）の段階では３名（10.7％）のみだった。授業者の事前の予想では，授業前の段階で少なからぬ生徒が「レモンが病床の智恵子を正気に戻す役割を果たしたこと」は読み取れると考えていた。しかし，実際には解答例にある「智恵子がレモンを好きだったから」に類する解答が最も多く（10名，35.7％），無記入や「分からない」という解答も少なくなかった（５名，17.9％）。

　第１時では，授業者の介入は語句や時間軸の確認程度に留め，生徒たちに自由に読み味わってもらったが，生徒たちにとってこの詩の内容は授業者の想定以上に難解だったことが分かる。それに対し，授業後は全員が自分なりの考えを持ち，「レモンが病床の智恵子を正気に戻す役割を果たしたこと」に言及できた生徒が16名（57.1％），「レモンが光太郎にとって智恵子との愛の象徴になったこと」に言及できた生徒が15名（53.6％）で，26名（92.9％）の生徒が少なくともいずれかの要素には言及することができていた。

　個別の解答を見てみよう。

　Ａさんは授業前「智恵子がレモンを好きだったから」とだけ答えていたものが，授業後にはレモンの役割に気づき，それをもとに「死んでしまった後でもそばにレモンを置くことで（もとの智恵子として）やすらかな死になる」と自分なりに光太郎の行為を意味づけている。

　Ｂさんも授業前の解答は「食べてくれると思ったから」といった素朴なものだが，授業後は「レモンは愛を確かめ合わせ愛を送った」と端的な記述で愛の象徴としてのレモンの存在について言及している。

　授業前に「わからない」としか書けなかったＣさんは，「お互いレモンのように苦い経験をしてきたからこそ」と２人の背景にも触れながら，レモンに託した智恵子への光太郎の思いやレモンが象徴的な役割を果たしていることについて自分の言葉で記述することができている。

　３名の授業後の記述からは，ポイントを押さえながらも，それぞれなりの多様なまとめ方や解釈が見てとれるだろう。

⑶実践を振り返って

①授業における生徒の学び

　以上より，本時の授業デザインは，生徒にとって解釈が難しかった『レモン哀歌』の詩について，作者の思いや象徴としてのレモンの意味合いに着目して読み深める学習を支えていたと言える。

　学習の過程に着目すると，前時想定外に内容がつかめていない生徒が多数であったため，詩中における智恵子の描写から2人の心情を考えるエキスパートBの問いに「まだ死にたくない」「死なないでほしい」と考えるなど，エキスパート活動の段階では授業者の想定とは異なる思考も少なからず見られた。しかし，授業者は特に介入せず，生徒に任せて学習を進めた。

　それでも，ジグソー活動の中で2人の背景について外部資料から読み取ってくるAのエキスパートや臨終の場面に明るい色の描写を多用していることに着目させるCのエキスパートがガイドになって捉え直しが起こったり，クロストークでそうした班の発表を聞くことで考えの見直しが起こったりすることで，生徒たちは1時間の中でねらいに到達することができていた。

②考察

　詩の学習に「知識構成型ジグソー法」を用いる実践では，今回の事例のように作者や作品の背景についての外部資料を読み取るエキスパートと詩の内部の表現に着目して考えるエキスパートを合わせて設定するようなデザインも多く見られる。例えば，島崎藤村『初恋』を「繰り返し登場する『林檎』は，2人の恋にどのような印象（効果）を与えているだろう」という課題で学習した授業では，A）詩中での林檎の描写について考える，B）繰り返される「そめし」の効果について考える，C）外部資料から当時の恋愛観について読み取ってくるという3つのエキスパートが設定されていた。本事例のように背景を知ることで生徒の作品の見方ががらっと変化することもある。授業づくりにあたっては，生徒が課題について考えを深めるのに役立つ視点（別の言い方をすると，授業者には当たり前でも生徒は知らないかもしれない前提知識）にはどんなものがあるか，幅広く検討できるとよい。

2 │ 授業案及び教材

知識構成型ジグソー法を用いた協調学習授業　授業案

学校名	高知県立高知南中学校	授業者	久万　真央
授業日時	平成30年11月14日	教科・科目	国語
学年・年次	中学2年	児童生徒数	30
実施内容	レモン哀歌	本時／時数	2／2

授業のねらい（本時の授業を通じて児童生徒に何を身につけてほしいか，このあとどんな学習につなげるために行うか）

　本教材の指導目標は，中学校学習指導要領　国語「抽象的な概念を表す語句や心情を表す語句などに注意して読むこと。【読む(1)ア】」である。

　高村光太郎『レモン哀歌』は，愛する妻の死の場面を題材としながらも，肯定的な表現や明るい色彩がちりばめられた表現が随所に見られる。そこには妻を失った深い悲しみが描かれているだけではなく，明るい愛の力によって「死」を乗り越えていこうとする作者自身の思いを読み取ることができる。この詩において，「レモン」は，死の間際の智恵子が意識を取り戻し，夫婦に愛を通わせる最後のチャンスを与えたものとなっており，また，亡き智恵子をしのぶ象徴的な存在ともなっている。

　「なぜ『わたし』は今日も『あなた』の写真の前にレモンを置くのか」という課題を考えることで，詩に込められた作者の前向きな思いや「レモン」が何を象徴しているのかを読み取らせたい。

メインの課題（授業の柱となる，ジグソー活動で取り組む課題）

　光太郎が，今日も智恵子の写真の前に「レモン」を置くのはなぜだろうか。

児童生徒の既有知識・学習の予想（対象とする児童生徒が，授業前の段階で上記の課題に対してどの程度の答えを出すことができそうか。また，どの点で困難がありそうか）

　日常の様々な学習活動では，積極的に発言をしたり，進んで課題に取り組もうとしたりなど意欲的に学ぶことができる生徒たちである。作者が智恵子に対して

第3章　「知識構成型ジグソー法」の実践例　63

深い愛情を抱いていたことや，レモンが智恵子を「もとの智恵子」にした役割については，初読から読み取ることができる生徒は少なくないと考える。しかし，この詩における「レモン」にどのような意味があり，どのようなことを象徴しているかを考え，「わたし」にとって智恵子の死んだ日が悲しいだけの日ではなく，智恵子が正気を取り戻し，愛情を交わせたよろこびもある日であるということまで読み取ることができる生徒は少ないと考える。

期待する解答の要素（本時の最後に児童生徒が上記の課題に答えるときに，話せるようになってほしいストーリー，答えに含まれていてほしい要素。本時の学習内容の理解を評価するための規準）

　レモンは心身を病んでいた智恵子を正気に戻す役割を果たし，そのおかげで死の直前に愛情を交わすことができた。作者は智恵子の死をただ嘆くのではなく，その日のことを忘れないように，また，智恵子の愛を死後も感じるために今日もレモンを写真の前にささげるのだと思う。

各エキスパート＜対象の児童生徒が授業の最後に期待する解答の要素を満たした解答を出すために，各エキスパートで押さえたいポイント，そのために扱う内容・活動を書いてください＞

A　光太郎と智恵子の関係を説明する資料をもとに，光太郎の智恵子に対する愛情の深さ，智恵子が病んでしまったことによる光太郎の悲しみや寂しさを読み取る。

B　詩の中の描写の意味を考えることをとおして，「レモン」が光太郎にとってどのような存在になったのかを捉える。

C　詩の中に表れる「色」と一般的な「死のイメージ」との対比から，智恵子の臨終の場面が作者にとって明るく前向きな要素を含んでいることを捉える。

ジグソーで分かったことを踏まえて次に取り組む課題・学習内容

　今後の文学教材の学習時に，内容や表現についてこだわって読む姿勢につなげていきたい。

本時の学習と前後のつながり

時間	取り扱う内容・学習活動	到達してほしい目安
前時	詩を音読する。 哀歌の意味や時間軸などを確認するとともに，詩から分かることを書き出させる。	最後から3行目までとその後で時間の違いがあることを理解できる。智恵子が死んだこと，作者と夫婦関係であったことを想像することができる。
本時	なぜ「わたし」は今日も「あなた」の写真の前に「レモン」を置くのかについて考える。	詩に込められた明るさを感じ取り，その理由を捉え，自分の言葉で文章にまとめることができる。
このあと	「詩」などの文学的な文章を読む際に，描写や登場人物等の心情に注意して読む。	抽象的な概念や心情を表す語句に注意して読むことで，文章に描かれていることを適切に読み取ることができる。

上記の一連の学習で目指すゴール

詩の表面だけでなく，詩の背後にある作者の状況や心情にも目を向けながら詩を読み深め，詩の中の言葉が全体の中でどのような意味を持っているのか，イメージを豊かに，作品を読み味わうことができる。

本時の学習活動のデザイン

時間	学習活動	支援等
3分	前時の学習を振り返り，本時の目標と課題を確認する。 目標　詩の中の心情や情景を表す語句に着目し，作者の思いを捉える。 課題　なぜ「わたし」は今日も「あなた」の写真の前に「レモン」を置くのだろうか。	
10分	エキスパート活動 ○エキスパート資料を読み，ABC それぞれの課題についてグループで相談しながら考える。	○それぞれの課題を考えるために，詩を読むことについて，これまで学習したことを活用するように促す。
15分	ジグソー活動 ○エキスパート活動で分かったことを報告し合い，課題に対する答えをグループで考える。	○ホワイトボードにまとめさせる。 ○話し合いが途中で終わったグループについては，その過程をまとめるように指示する。
15分	クロストーク ○課題の答えとその理由を，ホワイトボードを見せながら発表し合う。	○発表グループはジグソー活動の様子を踏まえて教員が意図的に指名する。 ○質問や意見を出し合わせながら深め，整理していく。
7分	○ワークシートの「After」に再度，自分の考えを書く。 ○本時の振り返りをノートに書く。	○クロストークで出たみんなの意見を踏まえて，自分なりの答えを自分の言葉で書く。

グループの人数や組み方

エキスパートグループ…A　3人×2班・4人×1班／B　3人×2班・4人×1班／C　3人×2班・4人×1班
ジグソーグループ…3人×10班

最初に個人で取り組むプリント

レモン哀歌

（　）組（　）番　名前（　　　　　　　　　　）

課題　光太郎が、今日も智恵子の面影の桃の皿に「レモン」を置くのはなぜだろうか。

◇まずは課題に対し、自分なりの答えを書いてみましょう。「ちょっとむずかしいかな」と思うかもしれませんが、わからなくては「わからない」でも大丈夫です。

※レモン哀歌の本文が入る

【Ｂｅｆｏｒｅ】

※教材の文章は，下記をもとに筆者が編集・作成。
あの人の人生を知ろう〜高村光太郎　http://kajipon.sakura.ne.jp/kt/koutarou.html
世の中の習慣なんて，どうせ人間のこさえたもの　https://serai.jp/hobby/178153

エキスパート活動のプリント(A)

◇高村光太郎と智恵子について説明した次の文章を読み，後の問いに答えよ。

詩人であり彫刻家でもある高村光太郎は福島出身の女流洋画家・長沼智恵子と出会い、恋に落ちる。以前の光太郎は詩や彫刻、社会や芸術に対する怒りから迷い若い苦悩に満ちたものだったが、智恵子と出会ってから、憩いや純粋な理想主義と同じように包まれるようになる。光太郎はこう語っている。「私はこの世の習慣に、智恵子に会ったため、彼女の純愛によって清浄にされ、以前の頽廃生活から救い出される事が出来たのだ。」

そんな中、智恵子の父が逝去し、生家が破産一家が離散してしまう等、境遇所を失ったショックから、智恵子の精神は引き裂かれた。睡眠薬で服毒自殺を図るも、未遂に終わる。その後も病状は悪化していく。

そんな智恵子と結婚した光太郎は、智恵子の回復を願い山や海に家を移した時もあった。が、改善は見られず、九十九里浜近くに住まわせた智恵子は、光太郎は、幼子のような智恵子の様子を次のような詩に詠んでいる。

　　千鳥と遊ぶ智恵子

いちめんの松の花粉は黄いろく流れ
それを浴びて立つ智恵子の裸体の背中に
人間商売さらりとやめて
もう天然の向うへ行ってしまった智恵子の
うしろ姿がぽつんと見える。
烈しい踊り子天の微塵が舞ふ……
智恵子は砂と遊ぶ。
両手に千鳥をかくして居る智恵子
両手に千鳥を持ってゐる智恵子。
ちい、ちい、ちい、ちい、ちい——
口の中にさへ千鳥がゐる。
千鳥と智恵子が何か言ってる。
ちい、ちい、ちい、ちい——
もう人間であることをやめた智恵子に
恵み尽きない今日の海の幸——
ちい、ちい、ちい、ちい、ちい——
無意識の踊りをする智恵子の
足のまわりに千鳥が寄って来る。
あしたの山にいちめんの松の花粉
九十九里の砂の上に智恵子は遊ぶ。

（『智恵子抄』「千鳥と遊ぶ智恵子」より）

7年にわたる闘病の末、智恵子は肺結核様に侵され、52歳でこの世を去った。

問1. 智恵子からの「愛情」は光太郎にとってどのような効果を与えたのだろうか。

問2. 幼子のように千鳥と遊ぶ智恵子を見て「このまま立ち尽くす」している光太郎はどんな思いだったのだろうか。

エキスパート活動のプリント(B)

エキスパートB

※レモン哀歌の
本文が入る

問一、傍線部について、智恵子は「かなしく白く」した、光太郎の「手を握る」のはどうする様子とは、智恵子の光太郎に対するどのような気持ちがあらわれるだろうか。

問二、この智恵子の様子に対して、光太郎はどのような気持ちになったのだろうか。

問三、「レモン」はこの詩の中で、どのような役割を果たしているのか、について考えなさい。

エキスパート活動のプリント(C)

エキスパートC

※レモン哀歌の
本文が入る

ジグソー活動及び最初に個人で取り組むプリント

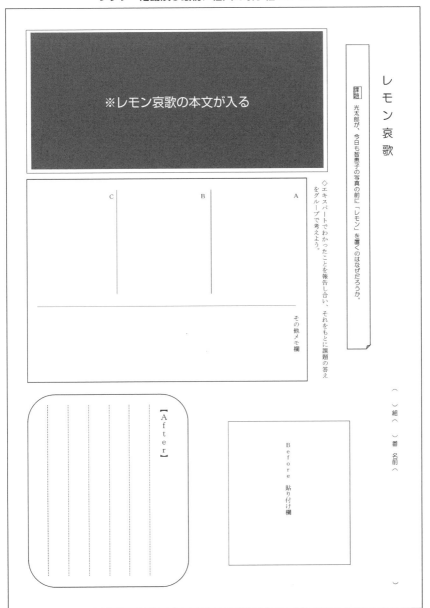

3 実践者の声（高知県立高知南中学校　久万真央教諭）

「知識構成型ジグソー法」の授業の手応えは？

　「知識構成型ジグソー法」の授業を実践しての一番の手応えは，生徒たちの学ぶ意欲という意味での学力の伸びです。

　普通の授業で文章を読ませると「長い」と文句を言う生徒たちがこの授業だとじっと何度も何度も文章を読み返している。そういう姿を見ていると，生徒たちは無意識に学ぼうとしているなというのを感じます。

　教える側にとっても，この方法では教材をしっかりつくりこんでおけば後は生徒たちに任せられるという点がやりやすいと感じています。

授業づくりや授業の中で気をつけていることは？

　自分自身がゴールをしっかり意識しておくこと，目の前の生徒たちに合わせることが大事だと思います。

　他の先生の教材をアレンジして使わせていただくこともあるのですが，そのとき最初に検討するのは，メインの課題がそのままでよいかということです。特に国語科の場合，先生によって一番読み取ってほしいことは違ってきますし，それによってメインの課題も違ってきます。ゴールイメージが自分自身に腑に落ちないものであると，落としどころがわからなくなってしまうので，まずはそこを大事にしています。

　次に資料や補助発問が，うちのクラスの生徒たちの実態に合っているかを検討します。その際，資料の中の言い回しや言葉，これだったら生徒たちがどういう風に捉えるかということを想像しておかないといけないと思っています。その結果，例えば，読むことに慣れている子じゃないとこの問い方では伝わらないかな？と思うこともあるので，そういうときは補足の問いを考えたりします。また，題材文が長い場合，特に読んでほしい部分を資料にそのまま載せてあげるような支援も行っています。

　自分でゼロから教材をつくる場合も，やはり一番大事にしているのは，メ

インの課題をどうするかです。自分がその作品を読んだときにどこに感動して「わぁすごい」と思ったか。自分自身がこれを生徒に感じてほしい，と思ったところを課題にするようにしています。

　授業中の支援については，エキスパート，ジグソーの活動中は極力介入せず，生徒たちだけではどうしようもない質問を受けた場合や，課題の意図が伝わっていないときだけかかわるようにしています。これらの場面ではまず生徒同士で話し合うことを大事にしています。

　他方クロストークでは，教師のファシリテーションも大事だと考えています。例えば，よいキーワードは出ているけど惜しい班から指名していって「ここはどうなの？」と質問して生徒たちに返したり，自発的に答えが返ってこなければ「こっちの班も同じようなこと話してなかった？」などとつないだりして，生徒たちと一緒にねらうポイントへ向かっていけるようにしたいです。こうしたファシリテーションがうまくできるように，ジグソー活動中はホワイトボードに書いていることをよく見て，おもしろいことを書いていたら「どういうこと？」と聞いてみたりしながら，それぞれのグループが何を考え，話し合っているかを把握することを大事にしています。

　もともと「学びの共同体」の実践なども参考にしながら，生徒たちを「つなぐ」ようなかかわりについて先輩の先生方に学んでいたのですが，そこで学んだことが今の実践に生きていると感じています。

これからこの授業に取り組んでみようと思っている先生方に一言

　新しい授業の形に出会ってやり始めるというのは勇気がいるし，うまくいかないことは当たり前にあると思います。

　私自身もよくわからなくてこの手法は嫌だと思ったこともありましたが，いろんな授業を見たり実際にやってみたり，自分が勉強することをやめなければよさがわかってきて，過去に学んだ他の手法ともつながってくると感じています。

2年　評論文『恥ずかしい話』

実践例3

マコト君の作文を救え！説明的な文章を書こう

1 ｜ 実践の概要と成果

⑴授業のデザイン

　本節で取り上げる実践は，沖縄県の琉球大学教育学部附属中学校新垣真教諭によって2年で実践された『恥ずかしい話』の授業である。

　授業者は，野矢茂樹の評論文『恥ずかしい話』の読解を行い，その文章構成の工夫を自分たちの作文に生かすという7時間の単元を構成し，その3・4時間目に「知識構成型ジグソー法」を活用した授業を設定した。

　授業のデザインを，表6に示す。このクラスでは，詩や短編小説など文学的な文章を書くことを得意とする生徒は多いが，説明的な文章を書くことは苦手と感じている生徒が多い。こうした実態を踏まえ，「評論文『琉大附属中の生徒は，こういう生徒です』を書こう」が単元を貫く言語活動に設定されている。そのうえで本時は，『恥ずかしい話』から読み手に説得力を持たせる述べ方や構成の工夫を読み取り，自分たちで課題文の書き換えにチャレンジすることを通じて述べ方や構成の工夫を身につけ，後に自分たちの作文に生かすことをねらいとして行われた。

　生徒たちは夏休みの宿題として各自「琉大附属中の生徒は，こういう生徒です」の作文を行ったうえで，単元の初めの2時間で『恥ずかしい話』の読解を行っている。「知識構成型ジグソー法」の授業は，単元の3・4時間目に設定され，下記の流れで行われた。まず課題文（p.89）を読み，各自で「どうすればよくなるか」修正のポイントを考える。続いて，エキスパート活動として，それぞれ表6の視点から『恥ずかしい話』における述べ方や構成の工夫について考え，練習問題（p.88）を使って実際にその工夫を自分たちでも行えるように準備した。

ここまでを第3時に行い，第4時では，ジグソー活動でそれぞれの学んで
きた工夫について共有した後，グループでホワイトボードを用いて最初の課
題文の具体的な修正案を考える活動を行った。その後，クロストークで各班
の修正案とその理由を交流し，最後にもう一度各自で「どうすればよくなる
か」課題文の修正のポイントについて整理を行った。

　本時で学習した説明文の工夫については，その後，各自が宿題で作成した
自分の作文を修正する際に活用した。

表6　『恥ずかしい話』の授業デザイン

課題	マコト君の作文を救え！分かりやすく，より説得力のある文章に作り替えよう！
エキスパートA	注目する特徴：読み手が想像しやすい具体例を多く挙げている。 気づかせたい効果：具体例を根拠に考えを導き出すことによって，筆者の考えが分かりやすいものになっている。
エキスパートB	注目する特徴：「恥ずかしい」と似ている言葉と比較している。 気づかせたい効果：似ている言葉と比較することで，「恥ずかしい」という感情の輪郭をはっきりさせ，筆者の考えが分かりやすいものになっている。
エキスパートC	注目する特徴：論証の各過程で繰り返し問いを立てている。 気づかせたい効果：繰り返し問いを立てて何を問題にしているのかということがはっきり分かるようにしている。
エキスパートD	注目する特徴：読み手にも考えてほしいという姿勢の記述がある。 気づかせたい効果：文章中に示した結論はあくまでも筆者の結論であり，読み手にも考えてほしいという姿勢を持たせている。
期待する解答の要素	読み手に説得力を持たせる述べ方や工夫（具体例・比較・繰り返し・書き出しの工夫など）を文章の中で意図的に示し，分かりやすく説得力のある評論文に書き直すことができている。

⑵学習成果—授業前後の理解の変化から—

　生徒が課題文の修正のポイントとして挙げたことがどのように変化したか，表7に，2名の生徒について授業前後の解答の実際を示した。

表7　『恥ずかしい話』の授業前後の解答の例

	授業前	授業後
A さ ん	・具体的な例を入れる。 ・具体的にどんな風に行動していきたいかなどを書く。 ・どうしてそう思うのか根拠を述べる。	①今までは先生達が中心となってスポレクを作り上げてきたけれど，今年は生徒会を中心として一人ひとりが「琉スポ」を作り上げていきました。→今までとの比較。 ②もし，みんなが学校生活のルールを守らなくなったらどうなると思いますか？→読み手への問いかけ ③例えば，挨拶をしなかったり，宿題をしなかったりというあたりまえのことができていないこともあります。→具体例を用いて，自分の主張に共感を持たせる。 ④あなたの思い描く理想の附中生とは何ですか？→最後に問いかけを入れることにより読み手をひきつける。
B さ ん	・いきなり話が変わっていて，変わっていたとしても「もし，…」から一文字空いていない。 ・話が変わっていなくても，次の行からはじめている。	①に「例えば，あいさつやメリハリなどができていなかった」などの例を入れてわかりやすくする。 ②に「もし……守らなくなったら，この先どうなっていくのでしょうか。」と疑問を入れて「おそらく大変なことになるでしょう」と添える。 ③に「みんなができるようになるのとならないのとでは，学校生活の楽しさは違ってくると思います。」と「できる」と「できない」を比較してわかりやすくする。 ④は，前の文で「自分を振り返る」と書いてあるので，「あなたは自身をどうやって振り返ったのでしょうか」と，相手のことを考える問いかけを入れるようにする。

Aさんは，授業前から「具体例を入れる」ことに着目することはできていたが，その他の観点を持つには至っていなかった。授業後には，「具体例」を含めた4つの観点を取り入れた文章に書き換えることができるようになった。

　Bさんは，授業前は記述上の誤りにしか着目することができなかったが，授業後は4つの観点を取り入れながら自分の言葉で伝えようとしている。

　どちらの生徒も工夫のポイントについてしっかり押さえながら，具体的な工夫の方法についてはそれぞれ自分なりの考えが持てている。

　授業者によると，Bさんは特に書くことが苦手な生徒であり，夏休みの課題として行った「琉大附属中の生徒は，こういう生徒です」の作文についても，「書き方がよく分からない」と投げやりな態度だったという。しかし，本実践の後，改めて個人で書き直した自分の作文では，具体例を用いること，問いを立てること，読者に問いかけることといった工夫を具体的に生かすことができている（表8）。

　また，単元の最後に行われた作文交流会の後の感想では，学んだ工夫の意味を自分なりに抽象化し，読み手を意識することの重要性に言及することができている（表9）。

表8　「知識構成型ジグソー法」の授業後に改めて書き直した個人作文（Bさん，一部抜粋）

　僕たちは，学校でどんなことができるだろうか。僕にできることは挨拶だと思います。例えば，自分が挨拶をして返ってこなかったら，とても嫌な気持ちになりませんか。僕は，とても嫌です。だから挨拶はとても大事だと思います。（後略）

表9　作文交流会の後の感想（Bさん，一部抜粋）

　（前略）筆者は自分に何を伝えたいのか，僕は読み手にどんなことを伝えたいのか？などについて考えることを気をつけたいと思います。心にとどめておきたいことは，相手と自分の意見です。これを知れたら，自分は何を伝えるためにこれを書いているのかや，相手の意見を知るために（後略）

⑶実践を振り返って

①授業における生徒の学び

　以上より，本時の授業デザインは，生徒たちが『恥ずかしい話』から述べ方や構成の工夫を学び，説得的な説明文の書き方の工夫を具体的に自分たちのものとして落とし込むような学習を支えていたと言える。

　今回の事例のＢさんのように，書くことを苦手にする生徒は少なくない。Ｂさんの授業前後の変容やその後の作文からは，具体的な書き方の工夫が分かること，それもどんな工夫があるかをただ「知る」だけでなく，仲間と相談しながら実際にその工夫を「使って」作文を書き換えてみることを通じて学ぶことによって，苦手な生徒でも短時間に作文について言えること，できることの質が大きく変化する可能性があることが示唆される。

②考察

　評論文の学習で「知識構成型ジグソー法」を活用する授業の中には，本事例のように表現や構成の工夫に着目することを主眼にしたものも少なくない。ここで注意したいのは，一連の学習の目標として何を設定し，そのためにどんなメインの課題を設定するかという点である。

　例えば，本事例のメイン課題を「筆者の論の構成の工夫について学ぼう」と設定するとどうだろうか。生徒たちは各エキスパートで学んできた表現や構成の工夫について伝え合った後，それをまとめてホワイトボードに書いて発表すればよいということになってしまうだろう。これでは，「こんな表現や構成の工夫があった」ということを知るだけになってしまい，本事例で起こったような書く力を身につける学習にはつながりにくい。

　また，本事例ではジグソー活動であえて個人作文ではなく，共通の課題文を修正する活動を設定し，一連の学習の後に個人作文を修正する単元のデザインを行っていた。これがもし最初から個人作文を修正する活動だったら，工夫を伝え合った後，個人任せで作業するだけの活動になり，腑に落ちないままの生徒もいただろう。具体的に起こりそうな／起こしたい学習を想定しながら，単元スパンで学習活動をデザインする視点を持ちたい。

2 授業案及び教材

知識構成型ジグソー法を用いた協調学習授業　授業案

学校名	琉球大学教育学部附属中学校	授業者	新垣　真
授業日時	平成27年11月7日	教科・科目	国語
学年・年次	中学2年	児童生徒数	40
実施内容	恥ずかしい話	本時／時数	3・4／7

授業のねらい（本時の授業を通じて児童生徒に何を身につけてほしいか，このあとどんな学習につなげるために行うか）

　詩や短編小説など文学的な文章を書くことを得意とする生徒は多いが，説明的な文章を書くことは苦手と感じている生徒が多い。そこで，本単元の単元を貫く言語活動を「評論文『琉大附属中の生徒は，こういう生徒です』を書こう」に設定する。上記の活動には，附属中の生徒の価値を評価し，その根拠を述べながら分かりやすく説得力のある書く力が必要となる。そのために『恥ずかしい話』の学習指導を行い，どのような論の進め方があるのか思考させたい。

メインの課題（授業の柱となる，ジグソー活動で取り組む課題）

　「マコト君の作文を救え！分かりやすく，より説得力のある文章に作り替えよう！」（「マコト君の作文」は，本時の活動のために作成した自作資料）

児童生徒の既有知識・学習の予想（対象とする児童生徒が，授業前の段階で上記の課題に対してどの程度の答えを出すことができそうか。また，どの点で困難がありそうか）

　エキスパート活動で考えた筆者の論の進め方の工夫と効果について，理解することができても，すぐにジグソー活動の課題に応用して課題作文を書き直す活動に取り組むことは難しいと予想される。そこで，実際に適用できるかどうかを各エキスパート資料で練習問題に取り組ませて確認する時間を取ってからジグソー活動に移る。

期待する解答の要素（本時の最後に児童生徒が上記の課題に答えるときに，話せるようになってほしいストーリー，答えに含まれていてほしい要素。本時の学習内容の理解を評価するための規準）

読み手への説得力を持たせる述べ方や工夫（具体例・比較・繰り返し・書き出しの工夫など）を文章の中で意図的に示し，分かりやすく説得力のある評論文に書き直すことができている。以前に書いた自分の評論文を，今度は自分も読み手をひきつける言葉や分かりやすく自分の考えを述べることができる文章に書き直してみたい。

各エキスパート＜対象の児童生徒が授業の最後に期待する解答の要素を満たした解答を出すために，各エキスパートで押さえたいポイント，そのために扱う内容・活動を書いてください＞

A　読み手が想像しやすい具体例を多く挙げている。
効果→具体例を根拠に考えを導き出すことによって，筆者の考えが分かりやすいものになっている。
B　「恥ずかしい」と似ている言葉と比較している。
効果→似ている言葉と比較することで，「恥ずかしい」という感情の輪郭をはっきりさせ，筆者の考えが分かりやすいものになっている。
C　論証の各過程で繰り返し問いを立てている。
効果→繰り返し問いを立てて何を問題にしているのかということがはっきり分かるようにしている。
D　読み手にも考えてほしいという姿勢の記述がある。
効果→文章中に示した結論はあくまでも筆者の結論であり，読み手にも考えてほしいという姿勢を持たせている。

ジグソーで分かったことを踏まえて次に取り組む課題・学習内容

　エキスパート活動では，筆者の論の進め方の中において，筆者がなるべく説得力を持たせるように努力した４つの工夫点を捉えて，述べ方の効果について考える。
　ジグソー活動では，エキスパート活動で分かったことを持ち寄り，筆者がなぜこのような論の進め方をしているのかを話し合うことで，論の進め方の工夫を捉え，筆者がこの文章を書き下ろした理由について説明することができるようになるであろう。
　クロストークや次時以降の活動で，『恥ずかしい話』で学習した論の進め方の工夫を自分の表現に生かして以前に書いた評論文を書き直す。

本時の学習と前後のつながり

時間	取り扱う内容・学習活動	到達してほしい目安
これまで	学習のねらいや見通しをつかむ。脚注の漢字や語句は辞書を使って読みや意味を確かめ，初読の感想として，印象や疑問を書く。	学習活動の見通しを持ち，文章の内容に興味・関心を示している。「共感」など抽象的な語句の文脈上の意味を捉えている。
前時	文章全体を３つのまとまりに分け，筆者の最終的な結論を抜き出し，筆者の考えをまとめる。	各まとまりにおける筆者の考えを的確に捉え，論証と結論との間のまとまりの役割を理解している。
本時	筆者の論の進め方の工夫と効果について考える。エキスパート活動，ジグソー活動，クロストークを行う。	段階を踏んで結論を導く文章構成を捉えるとともに論の進め方の工夫について気づいたことを挙げている。
次時	「恥ずかしい」という感情はどのようなものか話し合う。	自分の知識や体験と関連づけながら，筆者の考えに納得できる部分，できない部分を挙げている。
このあと	『恥ずかしい話』で学習した論の進め方の工夫を自分の表現に生かして評論文を書く。	具体例，比較，問い，読み手に考えさせる記述を取り入れた書き方の工夫を取り入れている。

上記の一連の学習で目指すゴール

筆者の考えを分かりやすく伝える表現の工夫を読み取り，自分の文章に生かすことができる。筆者の論の進め方にはどのような工夫があるかを読み取り，根拠を明確にして自分の考えを説明することができる。

本時の学習活動のデザイン

時間	学習活動	支援等
事前	○どのように書き直せば，分かりやすく，より説得力のある文章になるのか予想させる。	○ワークシートは前時に配付，解答させておく。
5分	本時の問い「マコト君の作文を救え！分かりやすく，より説得力のある文章に作り替えよう！」	○事前に予想した解答を発表し，課題を共有する。
45分	エキスパート活動 ○筆者の論の進め方の工夫とその効果について各エキスパートで考えながら話し合い，ジグソー活動で説明ができるようになろう。 ○ここまでの活動は，前時までに活動して，練習問題に取り組ませる。	○エキスパート資料A，B，Cを配付する。 ○最初は自分の考えを形成する時間を取り，その後，エキスパート班で自分の考えを伝え合う。 ○筆者の論の進め方の工夫と効果が実際に適用できるかどうかを練習問題に取り組ませて確認する。
25分	ジグソー活動 ○エキスパート活動の考えを統合し，課題を解決していく。	○机間巡視を実施する。 ○生徒を観察し，話し合いが膠着している班には支援する。
20分	クロストーク ○ジグソー活動でまとめた意見を発表する。異なる意見や考えはメモを取る。単元の最終的な課題である自分の評論文の書き直しと交流・相互評価の際に使える知識となることを知る。	○記入したシートを持ち，スムーズに移動できるように促す。 ○ホワイトボードを使って考えをまとめるように指示する。
	本時のまとめと次時の予告	○時間に間に合わない場合は次時に

5分	○ワークシートに自分の考え，及びアンケートを記入する。	行う。

グループの人数や組み方

男女混合の4名班（今回は，あらかじめランダムに班を決め，エキスパート活動，ジグソー活動，クロストークのためのグループ分けされた座席表を事前に配付して周知する）

エキスパート活動のプリント(A)

平成二十七年　月　日（　）　　校時　　国語科学習プリント　二年　　組　　番　氏名（

恥ずかしい話 ― №3　ワークシート②

エキスパート　A

124ページ10
「獲物を捕るのに失敗して恥ずかしがっているライオンや手を滑らせて落っこちて恥ずかしがっている猿というのは、どうも想像できない。」

125ページ4
「例えば、電車の中で化粧をすることを恥ずかしいと思う人もいれば、恥ずかしくないという人もいる。」

125ページ10
「例えば、授業で先生に当てられたのに答えられなかった。グループでダンスをしていて、自分だけ動きを間違えてしまった。「万里の長城」を「万里の頂上」と書いてしまった。」

125ページ20
「スポーツ選手が世界記録に挑戦して失敗しても、それは全然恥ずかしいことではない。」

126ページ12
「不得意な科目を一人で勉強していて、しょっちゅう間違うとしても、そのたびに恥ずかしくなるわけではない。」

127ページ4
「例えば、人前でおなかがグーッと鳴ってしまい、恥ずかしい思いをした。」

上の各文は、どのような筆者の論の進め方の工夫と効果があるでしょうか。
（本文の前後の文脈をとらえながら考えましょう。）

論の進め方の工夫

効果

エキスパート活動のプリント(B)

平成二十七年　月　日（　）　校時　国語科学習プリント　二年　　組　　番　氏名（　　　　　　　　　　　）

恥ずかしい話 ― №3　ワークシート②

エキスパート　B

126ペ-15
「この点をもっとはっきりと見てとるために、『悔しい』という気持ちと比較してみよう。失敗すると悔しい。しかし、悔しいという感情にとって、人に見られていたかどうかはだいじなことではない。一人であっても、できてよいはずなのにできないという場合には、悔しいと思う。悔しさの場合には、人が見ていようといまいと、失敗そのものが、悔しいという感情を生む。それに対して、恥ずかしさの場合にはそうではない。失敗そのものが恥ずかしいという感情を生むわけではなく、その失敗が人に見られているということが、恥ずかしいという感情にとっては必要なのである。」

127ペ-12
「よく似た感情に『照れくさい』がある。『みんなの前で先生に褒められて照れくさかった。』というのも、普通の感情である。おそらく、このような場面で『恥ずかしい』と『照れくさい』はあまり区別せずに曖昧に使われることも多いだろう。しかし、全く同じという気もしない。似ているけれども、微妙に違う。では、どこが似ていて、どこが違うのだろう。照れくさいと対比することで、恥ずかしいという感情の正体がより、はっきりとみえてくるにちがいない。
照れくさいという感情を感じやすい人と、あまり感じない人がいる。感じやすい人は『照れ屋』などと言われたりする。一方で、目立つのが好きという人もいて、その人たちは照れくさいという気持ちにはあまりならない。照れ屋の人は目立ったり注目されたりすることを嫌い、自分が注目されるだけで照れくさいと思ってしまう。照れくさいというのは、目立つこと、注目されることによって引き起こされる感情だといえそうである。」

上の各文は、どのような筆者の論の進め方の工夫と効果があるでしょうか。
（本文の前後の文脈をとらえながら考えましょう。）

論の進め方の工夫

効果

第3章　「知識構成型ジグソー法」の実践例　85

エキスパート活動のプリント(C)

平成二十七年　月　日（　）　校時　　国語科学習プリント　二年　組　番　氏名（　　　　）

恥ずかしい話 ― №3 ワークシート②

エキスパート　C

125ページ10
「ふだんの生活の中で、どういうときに私たちは恥ずかしいと感じるだろうか。」

125ページ15
「失敗したのだけれども恥ずかしいと思わない場合はないだろうか。逆に、失敗したわけではないのに、恥ずかしいと思うことはないだろうか。」

125ページ18
「最初に、失敗しても恥ずかしくない場合から考えよう。どんな場面が思いつくだろうか。」

126ページ7
「では、劣等感につながる失敗をすると、必ず恥ずかしくなるのだろうか。」

127ページ2
「次に、失敗したわけではなくとも恥ずかしいと思う場合がないか、考えてみよう。」

127ページ10
「しかし、褒められたのに、どうして恥ずかしいのだろう。」

128ページ12
「では、どんなふうに見られていると、恥ずかしいのだろう。」

上の各文は、どのような筆者の論の進め方の工夫と効果があるでしょうか。
（本文の前後の文脈をとらえながら考えましょう。）

論の進め方の工夫

効　果

エキスパート活動のプリント(D)

平成二十七年　月　日（　）　校時　　国語科学習プリント　二年　　組　　番　氏名（　　　　　　　　　　　）

恥ずかしい話 ― №3 ワークシート②

エキスパート　D

124ページ5
「だが、だいじなのはすぐに結論を出すことではなく、考えてみることだ。そして、みんなであれこれ議論してみることで、今まで気がついていなかったことが、見えてくるにちがいない。」

125ページ6
「なるべく説得力を持たせるように努力しながら、私の考えを述べていこうと思う。しかしだいじなことは、それを受けてあなた自身がどう考えるか、である。さあ、それでは、いっしょに考えていくことにしよう。」

このような書き方が、本文の中に他にありますか。探して抜き出しなさい。

論の進め方の工夫

読み手にも考えてほしいという姿勢の記述がある。

効　果

※　上のような論の進め方の工夫は、どのような効果あるのかを話し合って書きなさい。

エキスパート活動で取り組む練習問題のプリント

平成二十七年　月　日（　）　校時　国語科学習プリント　二年　　　組　　　番　氏名（　　　　　　　　　）

恥ずかしい話 ― №3　㊙　練習問題

目標（　　　　　　　　　　　　　　　）

※　マコト君は、修学旅行で訪れる琵琶湖が汚染されていることを知り、それを止めるために一人ひとりが行動を開始するべきだと考えて、文章にまとめました。

　琵琶湖の水の汚れが問題になり始めたのは、一九七〇年代後半です。市民は琵琶湖を守るため、「琵琶湖再生運動」を始めました。汚れの原因の一つが、洗剤に含まれるリンでした。そこで、天ぷら油などの廃油が原料の粉石けんを作りました。市民の取り組みで、琵琶湖の水は少しずつきれいになってきています。でも、日本の湖の多くは、今も危機的な状況にあると言われています。生態系が壊されると、私たちの生活にも大きな影響があります。一人ひとりができることから始めていかなければなりません。

（平成二十三年版　三省堂　中学生の国語　二年　270ページ）

【マコト君の文章の説得力を高めるには、どんなことを書き加えたらよいか、考えてみよう。】

　※　エキスパート活動の筆者の書き方の工夫を、具体的に使って解決しよう。

　私が担当したエキスパートは（　A　・　B　・　C　・　D　）です。

※エキスパート活動の筆者の工夫を、どのように使ってみましたか。説明してください。

ジグソー活動のプリント

恥ずかしい話 ― No.3　ワークシート③　ジグソー活動

　僕たちの琉大附属中学校が開校したのは、今から三十年前の一九八五年です。今年

で三十周年を迎えるそうです。附属中の生徒は、今年は、生徒が主体の体育的行事と

して、名前を「琉スポ」に変えて、みんなで盛り上がりました。でも、もちろんもめ

ていなかったりするにもたくさんあります。僕は、回りのくに迷惑をあまりかけな

いけど、友達に注意をするのことができません。だから、次は、考えて行動して、注

意をするようにしたいです。

　もし、みんなが学校生活のルールを守らなくなったら、大変なことになります。こ

れからの学校生活が、みんなでもするようになったらうこと思います。節目の年に

自分を振り返ることができて、よかったのです。これからも、これまでの先輩達のこ

とを引き継いでいきたいなと思いました。

クロストークでは、工夫したところと、その理由を、クラスのみんなに説明ができるように準備しましょう。

3 | 実践者の声 （琉球大学教育学部附属中学校　新垣真教諭）

「知識構成型ジグソー法」の授業の手応えは？

　5年ほど前に初めて取り組んでみた際は，自分としてはちょっとうまくいかなかったのですが，とにかく生徒たちは楽しそうだなという印象でした。

　その後，他の先生が『走れメロス』でジグソーの授業をされているのを見て「自分もこういう授業がしたかった」と感銘を受けました。これまで自分は『走れメロス』だったら場面，場面で区切って読ませるような授業をしていたのですが，その授業では各登場人物の視点をエキスパートにして，メインの課題として「メロスはなぜ殺されるために走ったのか」という作品全体を貫く問いについて考えさせていました。生徒たちも本当に楽しんで学んでいて，「またこの授業がしたい」という感想を持っていました。

　実践を重ねた今感じる「知識構成型ジグソー法」の授業の手応えで最も大きいのは，普段の授業では支援が必要な生徒でも，学力の高い生徒でもともに楽しく学べるということです。

　例えば，今回の事例で紹介した生徒Bは，書くことが苦手で原稿用紙に向かうのも嫌だという生徒でした。この授業でも最初は消極的な様子でしたが，エキスパート活動の後半，練習問題に取り組むうちに手応えをつかんだようで，その後は最後まで積極的に学習に参加しながら理解を深めている様子が見えました。

　「知識構成型ジグソー法」では，エキスパート，ジグソー，クロストーク，ポスト課題，発展的なパフォーマンス課題とスモールステップで学習が進んでいきます。そのことで苦手な生徒も自信を獲得しながら取り組めているのかなと思います。

　また，学力が高い生徒の場合でも，この授業だとそれぞれが違う材料を持っているので他の子の材料を得ないといけない，一緒に学べば答えがよりよくなるという実感を持っているので楽しんで取り組めているようです。

授業づくりや授業の中で気をつけていることは?

　まずは生徒がやってみたい，やらざるを得ないと感じるような課題の設定ですね。先ほどご紹介した『走れメロス』の実践では，授業者の先生は生徒の初発の感想の中から「メロスはなぜ殺されるために走ったのか」という疑問を取り上げ，それをメインの課題として設定されました。

　また，今回の授業の場合，最終的に作成した作文を「新1年生にオリエンテーションで読んでもらう」という場面設定を与えたことで，生徒がより現実的な課題として，真剣な態度で学習に臨むことができたように思います。

　また，単元全体の中で「知識構成型ジグソー法」の学習をどんなねらいで配置するかもひとつのポイントです。今回の場合，単元全体の流れとして，まず論説文を読んで筆者の書き方の工夫を捉える学習を設定し，その後そこで学んだ書き方の工夫が定着しているか，活用できるか実際に表現をしてもらう学習を設定しています。この内容理解と表現の2つをスムーズにつなぐために「知識構成型ジグソー法」を活用しました。前時までの読解を踏まえてエキスパートで筆者の工夫を整理し，工夫を具体的にジグソー課題の作文修正で活用し，その経験を今度は自分たちの作文に生かすという流れですね。

　最後に，エキスパート活動からジグソー活動に移るときのポイントとして，生徒が本当にエキスパートになっているか，ただのメッセンジャーにならないようにする工夫も必要だと感じています。例えば，今回の実践のように，本文や資料から読み取って終了ではなく，そのうえで実際に何らかの活動で試してみる，応用してみるエキスパート活動のデザインも有効だと思います。

これからこの授業に取り組んでみようと思っている先生方に一言

　試行錯誤，トライアンドエラーが大事だと思います。

　自分も最初に取り組んだときはうまくいきませんでした。うまくいかなかったらまた次にやってみたらよいと思います。

　その際，まずは先行実践をもとに自分のクラスの生徒の実態に合わせてチャレンジされてみてください。まずはやってみる，それが大事だと思います。

> **3年 古文『夏草―「おくのほそ道」から』**

実践例4
....

「おくのほそ道」の旅で見つけた「生き方」とは？

1 実践の概要と成果

⑴授業のデザイン

　本節で取り上げる実践は，和歌山県の湯浅町立湯浅中学校江川侑也教諭によって3年で実践された『夏草―「おくのほそ道」から』の授業である。

　授業は，6時間で構成されるこの単元の2・3時間目（50分×2コマ）を使って実践された。生徒は，社会の授業で松尾芭蕉や「おくのほそ道」という作品については聞き知っていたが，国語科での学習は初めてであった。授業者は，そうした生徒たちが『夏草』の格調高い文体や，はかなさを感じさせる句について深い考察を行うためには，芭蕉の精神を理解することが重要であるという考えから，本時の授業を単元の学習の導入部に取り入れた。生徒は本時の学びを踏まえて次時以降本格的に，教科書に掲載されている『夏草』本文と3つの句の読解を進めていくことになる。

　本時の授業のデザインを，表10に示す。メインの課題は，「四十六歳，悩む芭蕉，『おくのほそ道』の旅で見つけた『生き方』とは？」である。様々な観点から深い探究が可能な課題であるが，次時以降に本文や句の解釈をとおしてさらに課題の探究を深めていくことを前提とした授業であったため，本時の期待する解答の要素は，「死」や「別れ」への向き合い方にポイントを絞って設定されている。

　授業の1コマ目には「事前学習シート」（p.102）を使って「おくのほそ道」の概要を把握し，地図と対照して旅の行程を確認したうえで，メインの課題に対する最初の考えを書いた。

　続く2コマ目では，エキスパート活動，ジグソー活動，クロストーク，最後の個人思考を行った。エキスパート活動では，3―4人のグループをつく

り，「おくのほそ道」に登場する俳句も取り上げたオリジナルの解説資料を読み，読み取りの問いに即してポイントを確認する活動を行った（p.103〜105）。

　ジグソー活動では，各エキスパートで考えたことを，ワークシートに簡単にメモを取りながら情報共有し，課題の答えを，各班で1枚のホワイトボードに自由な形式で表現させた。班によってホワイトボードの使い方は様々で，重要なキーワードを矢印などで関係づけた説明図をつくった班や，箇条書きで芭蕉の気づきを整理した班などがあった。

表10 「夏草」の授業デザイン

課題	四十六歳，悩む芭蕉，「おくのほそ道」の旅で見つけた「生き方」とは？
エキスパートA	【悩む芭蕉】解説資料を読み，太平の世に生まれた芭蕉が「おくのほそ道」の旅に出る以前と旅の前半に抱いていた，人の世のはかなさをあわれむ思いを知る。
エキスパートB	【壮大なものに出会う】尿前の関から，越後路への旅の中で生み出した句を読み，芭蕉の「宇宙」という荘厳で静かな存在への気づきを捉える。
エキスパートC	【別れの句の比較】千住の句と，大垣の結びの句を比較し，別れに対しての芭蕉の考え方が「かるみ」を帯びていることを捉える。
期待する解答の要素	・「死」や「別れ」などのつらい出来事は必ずしも嘆くべき大きな変化ではなく，人の世の常として向き合うべきものであること。 例：人の世のはかなさを大きな変化として捉えるのではなく，そのはかなさも世の常であるという，ただの一つの現象として捉え，嘆くことなく死と別れに向き合うという生き方を見つけた。

⑵学習成果—授業前後の理解の変化から—

　授業前後に各自が「四十六歳，悩む芭蕉，『おくのほそ道』の旅で見つけた『生き方』とは？」という課題に対して何を説明できたかに基づいて，学習成果を確認してみたい。授業を受けた生徒は27人である。授業前には空欄でワークシートを提出した生徒もいたが，授業後では全員が自身の言葉で芭蕉が旅で見つけた「生き方」を表現することができていた。表11は期待する解答の要素を規準に，授業における学習成果を評価したものである。旅をとおして「死」「別れ」などのつらい出来事への達観が生まれたことに言及できた生徒は，授業前には33％に過ぎなかったが，授業後は74％となっていた。

表11　「夏草」の授業における学習成果（N＝27）

期待する解答の要素	授業前	授業後
「死」「別れ」などへの達観に言及した解答	9	20

　表12に，３人の生徒について授業前後の解答の実際を示した。

表12　「夏草」の授業前後の解答の例

	授業前	授業後
Aさん	一期一会。	自分が知っている世界が全てではなく，もっともっと大きな世界が広がっている。そしてその世界から見れば，自分なんて小さい存在で，ただ自然の理にならって生きているものでしかない。だから，もっと気楽に前向きに，ただ自分の人生を進んでいこうとする生き方。
Bさん	今を一生懸命生きる。	自分たちは大きな宇宙の中に存在していて，その中に小さな一つ一つの別れがある。しかし，大きな視点で考えると，小さな変化で悩むのではなく，前向きに次の出会いを求めて生きていくという決意（ポリシー）をみつけた。
Cさん	人と出会い，別れる生き方。	旅をしていくうちにしっかりみたことのない世の中のみかたが大きくなり，多くの人と出会い，そして別れ，前向きに生きる生き方をみつけた。

Ａさんは芭蕉が「自分が知っている世界」への苦悩を感じていたという前提を踏まえ，壮大な自然への気づきを「自然の理にならって生きている」という自分なりの言葉で表現するなどし，授業の内容に即して期待する解答の要素を踏まえた解答を出している。Ｂさんは「生き方」という抽象的な課題を「ポリシー」という言葉も使って自分なりに引き受け，3つのエキスパートの要素をすべて統合した質の高い答えを書けるようになっている。

　Ｃさんは死や別れに対する達観にまでは言及できていない。しかし，授業前には「人と出会い，別れる生き方」という事実ベースの答えだったものが，授業後には旅をとおしての芭蕉の視野の広がりに言及した答えに変わっている点などから，授業で扱った資料に即して期待する方向に向かって学びを深めたことを確認できる。

⑶実践を振り返って

①授業における生徒の学び

　以上より，本時の授業デザインは，「おくのほそ道」の旅をとおして芭蕉がみいだした「生き方」を生徒が主体的に考察し，ねらいに向けて理解を深めることに成功していると言える。

　「おくのほそ道」の旅をとおして芭蕉がつかんだ「生き方」は，「不易流行」や「かるみ」という概念で特徴づけられる。こうした概念を深く理解することは簡単ではない。しかし，本時における生徒の学びからは，中学生であってもこうした概念のイメージを自分たちで構築し，自分たちなりの言葉で表現できることが分かる。例えば，Ｂさんの授業後の解答にある「自分たちは大きな宇宙の中に存在していて，その中に小さな一つ一つの別れがある」という記述は，「不易流行」の考え方に通ずるものと言えよう。また，Ａさんの「気楽に前向きに，ただ自分の人生を進んでいこう」という言葉は，「かるみ」のイメージを表現したものと言えるだろう。生徒たちにとって本時は，現代語訳による内容把握を超えて，松尾芭蕉のものの見方や考え方に触れ，その本質を自分なりに掘り下げてみる機会となったことがうかがわれる。

②考察

　本事例では，古典作品の理解の肝となる概念を単元の早い段階で生徒なりに掘り下げておくことで「おくのほそ道」の理解を深めることをねらった。実際に次時以降の授業では，芭蕉が感じていた「時の無常観」を生徒は容易に解釈することができ，旅の全体像や芭蕉の心の変化についての大まかなイメージが基礎となって，俳句についても深く吟味することができたという。このことは，仮に本時終了時点で出てきた答えが，表現に拙さがあったり，誤解を含むものだったりしても，導入の段階で作品の主題に迫る課題を考察しておくことが，単元スパンで見たときに，古典作品のより深い理解につながる可能性を示唆している。

　こうした授業を効果的に実践するには，単元のスパンで長期的な深まりのイメージを明確にしたうえで本時をデザインすることが重要になる。今回と同様の導入での実践であれば，主題となる概念について，その段階で生徒たちが，何をどのくらいの表現で語れることを期待する・期待し得るか，「期待する解答の要素」を絞ることがポイントになるだろう。例えば，本時終了時点での生徒の「かるみ」の理解は，「前向き」「気楽」など，専門的に見れば不十分なものとも言える。しかし，こうした解釈でも，後の本文や句の読解を進めていくベースには十分なり得ると考えられる。

　もちろん，古典作品の主題にかかわる概念を掘り下げる授業は導入のみで有効なわけではない。「期待する解答の要素」を丁寧に吟味しておくことで，単元末にも効果的に取り入れることができる。例えば２年『平家物語』では，単元のまとめとして「『諸行無常』『盛者必衰』の２つの言葉を使って当時の武士の生き方について説明する」という課題に取り組ませた例がある。こちらでは，本文で読み取った登場人物の戦に対する思いや悲哀も踏まえ，２つの概念についてより精緻な解釈を行うことをねらった。

　生徒が抵抗を感じやすい古典作品を自分たちで着実に読み深めていく質の高い学びを支えていくためには，ひとつの作品を学ぶ長期的なプロセスを想定して本時のゴールを的確に見極めることが一層大切になると言えるだろう。

2 │ 授業案及び教材

知識構成型ジグソー法を用いた協調学習授業　授業案

学校名	湯浅町立湯浅中学校	授業者	江川　侑也
授業日時	平成27年12月8日	教科・科目	国語
学年・年次	中学3年	児童生徒数	31
実施内容	夏草―「おくのほそ道」から	本時／時数	3／6

授業のねらい（本時の授業を通じて児童生徒に何を身につけてほしいか，このあとどんな学習につなげるために行うか）

　芭蕉は，太平の世の人である。江戸時代最後の内乱，島原の乱から七年，今の言葉で言えば戦後生まれの「戦争を知らない子ども」であった。戦争が起こると多くの人の命が失われる。しかし，人は戦争だけで死ぬのではない。平和な時代にも刻々と死んでいく。太平の世を生きるということは，今も昔もこの慢性的で日常化した死と向き合うということである。芭蕉を悩ませ，苦しめたのもこの慢性化した死であり，人々との日常的な別れだった。「おくのほそ道」はこの日常的な死や別れに対してどう向き合えばよいかということを大きな主題としている。それは単に紀行文学であるだけでなく，芭蕉の心の遍歴の文学でもある。旅に出る際，見送りの江戸の門弟や友人たちとの千住での別れを嘆く句「行く春や鳥啼き魚の目は涙」と，旅の結びを迎えた大垣で人との別れを読んだ句「蛤のふたみに別れ行く秋ぞ」を比較しても，別れに対する芭蕉の感じ方が大きく変容していることが分かる。「行く秋ぞ」の句では，「不易流行」の精神に目覚めつつ，はかない人の世に対する「かるみ」の姿勢をはっきりと示している。本授業のデザインは，『夏草』を単なる読み物として扱うのではなく，そこに息づく芭蕉の精神を身近に感じてほしいというねらいに沿って構成されている。格調高い文体や，はかなさを感じさせる句について深くまで考えていくためには，まず芭蕉が「おくのほそ道」で確立した「不易流行」の考え方を理解することが不可欠の要素である。なぜなら，芭蕉のものの見方の背景にあるものを理解せずに句を読んだとしても，表面上の「無常観」を捉えることしかできないと考えたからである。時代を超える文学作品そのもののおもしろさを味わうことはもちろんだが，そこか

ら生徒たちが思考し，自分という存在を構築していくための足がかりとなればという願いを込めている。

メインの課題（授業の柱となる，ジグソー活動で取り組む課題）

四十六歳，悩む芭蕉，「おくのほそ道」の旅で見つけた「生き方」とは？

児童生徒の既有知識・学習の予想（対象とする児童生徒が，授業前の段階で上記の課題に対してどの程度の答えを出すことができそうか。また，どの点で困難がありそうか）

生徒は，社会の授業で松尾芭蕉と「おくのほそ道」について学習している。芭蕉が至高の俳人と呼ばれるまでに至ったということ，「おくのほそ道」が歌枕を求めての長旅で生まれた紀行文であったことは既有知識としてある。しかし，文学としての「おくのほそ道」についての学習は，今回が初めてである。

よって，学習前の生徒の課題に対する答えは，「風景や人との出会いを楽しむ生き方」「旅の中でいろいろなものや人に出会い，自分の人生を濃くする生き方」など，根拠が明確でないものとなることが予想される。

また，古文体で書かれた句や文章を読むことに苦手意識を持つ生徒が，エキスパート活動に積極的に取り組むかが不安要素としてある。それを考慮し，エキスパート資料はあえて簡素なつくりに仕上げた。

期待する解答の要素（本時の最後に児童生徒が上記の課題に答えるときに，話せるようになってほしいストーリー，答えに含まれていてほしい要素。本時の学習内容の理解を評価するための規準）

千住の句と比べて，大垣の句では，芭蕉の「別れ」に対する考え方が「かるみ」を帯びている。人の世のはかなさを大きな変化として捉えるのではなく，そのはかなさも世の常で一つの現象に過ぎないものと捉え，嘆くことなく死と別れに向き合うという生き方を見つけた。

各エキスパート＜対象の児童生徒が授業の最後に期待する解答の要素を満たした解答を出すために，各エキスパートで押さえたいポイント，そのために扱う内容・活動を書いてください＞

A「悩む芭蕉」

太平の世に生まれた芭蕉が「おくのほそ道」の旅に出る以前，旅の前半に抱いていた，人の世のはかなさをあわれむ想いを読み取る。

B「壮大なものへの気づき」

　尿前の関から，越後路への旅の中で生み出した句を読み，芭蕉の「宇宙」という荘厳で静かな存在への気づきを捉える。

C「別れの句の比較」

　千住の句と，大垣の結びの句を比較し，別れに対しての芭蕉の考え方が「かるみ」を帯びていることを捉える。

ジグソーで分かったことを踏まえて次に取り組む課題・学習内容

　『夏草』の格調高い文体を味わいつつ，教科書中の３つの句について学習し，人の世のはかなさを嘆く芭蕉の心情を捉える。

本時の学習と前後のつながり

時間	取り扱う内容・学習活動	到達してほしい目安
これまで	松尾芭蕉と「おくのほそ道」についての知識習得（社会科）「月日は百代の過客にして，…」の冒頭文を学習する。	作者の名前と，代表的な作品名「おくのほそ道」を既有知識として持っている。文意を大まかに捉え，芭蕉がこの旅にかける想いを理解している。
前時	芭蕉という人物について補足し，「おくのほそ道」の旅路を確認する。次時の課題に対する予想を書く。	簡単に芭蕉という人物について確認し，「おくのほそ道」の旅路を地図に書き込むことができている。
本時	四十六歳，悩む芭蕉，「おくのほそ道」の旅で見つけた「生き方」とは？	芭蕉がはかない人の世に対する考え方を確立するに至った旅であり，そのはかなさを嘆くべきものではないと考えるようになったことを理解している。
次時	芭蕉の尿前の関到達（壮大な物への気づき）以前につくり上げた平泉での句を読む。	句に隠された芭蕉の人の世に対する嘆きについて読み取ることができている。
このあと	芭蕉が旅の中で詠んだいくつかの句から共感できるものをひとつ選び，鑑賞画，鑑賞文を作成する。	作品を共有，掲示し，芭蕉のものの見方や感じ方を多様な視点から読み取ることができている。

上記の一連の学習で目指すゴール

「おくのほそ道」の日常的な死や別れに対してどう向き合うべきかという主題を理解したうえで，『夏草』を読む。それによって，『夏草』に描かれているはかなさや，時の無常観を深く読み取ることができ，「おくのほそ道」の格調高い文体や文学作品としての価値について考えることができる。

本時の学習活動のデザイン

時間	学習活動	支援等
5分	課題に対する答えの予想を確認する 「四十六歳，悩む芭蕉，『おくのほそ道』の旅で見つけた『生き方』とは？」→班を構成する。	○前時に書いた予想を，近くの人と見比べさせる。 ○ランダムで班を構成する。
10分	エキスパート活動 A「悩む芭蕉」 B「壮大なものへの気づき」 C「別れの句の比較」	○必ず班員の一人が声に出して資料を読みあげるよう指示する。思考が止まってしまった場合，各エキスパートに応じてアドバイスを行う。
15分	ジグソー活動 ○各エキスパートで学んだことを報告し合い，課題についての答えをホワイトボードにまとめる。	○資料を班員に見せるだけでなく，説明しながら報告するよう促す。 ○ホワイトボードにまとめる際は，人に「伝える」ことを意識させる。
15分	クロストーク活動 ○列ごとに3班ずつクロストークを行い，各列の代表の班が全体に向けて発表を行う。（全3班）	○各列の代表を選ぶ際は，課題に対する答えになっているか，ホワイトボードのまとめ方は分かりやすいか，説明は納得できる内容かの3点で判断させる。
5分	○課題に対する答えを，自分なりの言葉で書く。	○ワークシートやホワイトボードを参考にさせる。

グループの人数や組み方

3人班×5　4人班×4　計9班（31人）

事前学習のプリント

【事前学習シート】

①まずは読み手を決めて、本文を読もう。

※本文内に地名が出てくるので、それを参考にしながら芭蕉がたどった旅路を色鉛筆でつないでいこう。

　芭蕉が「おくのほそ道」の旅に出たのは四十六歳。当時の平均寿命を考えても老いていく身体の旅だった。旅の中で死ぬかもしれると考えていた芭蕉が、五か月もの期間「おくのほそ道」を完成させるための旅に出る。旅路は、全部で四つの行程に分けることができる。

【第一節】弟子や友人と別れて「千住」を出ており、まずは「白河の関」までを指す。旅のスタートの(旅に出る覚悟を決め、身を清める)ために、各地の季節を現代の言葉でいう「スタート」にあたる。

　行春や鳥啼き魚の目は泪

（解説）過ぎゆく春を身を清め、神様よりの加護を祈りたいながら。

【第二節】「白河の関」を出て、現在の岩手県にあたる、源義経が兄頼朝から逃げてかくまわれていた場所「平泉」までを指す。過去の有名な和歌の題材となった土地（歌枕）を訪れ、句を読んだ。それらの句は、時の流れにより変化していくことへの失望や嘆きの気持ちを俳句にしている。

　世の人の見付けぬ花や軒の栗

（解説）この栗の花に、世の中の人々は気づきもしないだろうが、この花のひっそりとした佇まいから、世俗とく同じだ。

【第三節】「越前の関」から「金沢」の手前までを指す。最上川での川の流れの速さを雄大に俳句で表現したものもある。第三節（特に越後路）では星や月、太陽などの壮大な天体が題材とされているものが多い。

【第四節】「金沢」から「大垣」で結びの句を読むまでを指す。ここでは、特に多くの人との「別れ」を題材とした句が目立つ。

②芭蕉は、どんな決意をしてこの旅に出たのだろう。考えを書いてみよう。

エキスパート活動のプリント(A)

◇ エキスパート資料 Ⓐ 「奥の細道」

①まずは読み手を決めて、本文を読もう。
※キーワードに色ペンで線を引いて。

　芭蕉は、一六四四年生まれである。天下分け目の関ヶ原の合戦から半世紀近く、今の言葉でいえば、戦後生まれの「戦争を知らない子ども」だった。

　第二次世界大戦時や東日本大震災のような戦争や災害が起こると、多くの人の命が失われる。しかし、人は戦争や震災だけで死ぬのではない。平和な時代でも老衰や病気で死んでいく。平和な世を生きながらえていけば、やがては誰もが日常的な死と向かい合うことになるのだった。

　芭蕉は、そういう日常的な死や、様々な理由で起こりうる別れ、人生の向かい合うことについて悩んでいた。

　次の句は、旅の前半「平泉」の地にて芭蕉が詠んだものである。

夏草や　兵どもが　夢の跡

【解説】かつての源義経や藤原氏らがこの地で繁栄を夢見て勇敢に戦ったりした場所。その夢はすべてはかなく消え、今ここには夏草が生い茂っているだけである。

　同時代を生きたわけではないが、義経や藤原氏の無念を感じ、時の流れによって失われてしまったものを想って芭蕉は涙を流した。

②芭蕉は、旅に出る以前と旅の前半、時の流れの中で失われるもの（別れ、死、希望）に対して、どういう思いを抱いていたか、考えたことを書いてみよう。

エキスパート活動のプリント(B)

◇ エキスパート資料 Ⓑ 「壮大なものに出会う」

①まずは読み手を決めて、本文を読もう。
※キーワードに色（くい）入れ線を引いてみよう。

　旅は中盤を過ぎ「尿前の関」を越えたころから、芭蕉が生み出す句は劇的に変化する。題材とするものが過去の有名な和歌の題材とされた土地（歌枕）から、星や月、太陽、大自然の壮大さに変化していく。そのわかりやすいものが次の句である。

閑さや　岩にしみ入る　蝉の声

【解説】岩に岩を重ねるような山寺のお堂の前、静かさを感じた。岩に吸い込まれていくような蝉の鳴き声を聴いて…。

　という考え方もある。「閑さ」とあるが、蝉の声がするならば、普通は「やかましい」と感じるのかもしれない。だが芭蕉は蝉のやかましい声を聞きとりながら、何かの静かさに気付くのである。この何かとは…。という芭蕉の句を見てみよう。

荒海や　佐渡に横たふ　天の河

【解説】目の前に日本海が荒波を立てている。その向こうに横たわっているのは佐渡島。夜空を見ると天の川が広がっている。

　この句では、荒波の騒々しいイメージの中、壮大に広がる天の川を表現している。イメージとしては、真逆にある「荒海」と「天の河」。これも芭蕉は壮大な自然の中に広がる、何かの静かさを言い換えれば、もう一つの壮大な存在に気付いている。

　月日は満ちて、太陽が沈み、星が巡る。季節によって、目に映る風景も慌ただしく変化していく。つまり宇宙は絶えず動いている。それにも関わらず、芭蕉は何かの静かさ、壮大な存在に気付く。つまりは目の前の変化にも必ず動いてくる。しかし、その目の前の変化は、大きな目で見れば「変わらずにいつもあるもの」ではないか、そう考えるようになった…。

②芭蕉は、壮大な自然のなかに広がる何かの静かさ、もう一つの壮大な存在に気付いている。この「何か」とはどのようなものか。そして、この出会いが、芭蕉の考え方をどう変えたのだろう。考えを書いてみよう。

エキスパート活動のプリント(C)

◇エキスパート資料　Ⓒ　「別れの句の比較」

①まずは読み手を決めて、本文を読もう。

※キーワードに色やペンで線を引こう。

旅に出る際、弟子や友人が「千住」という場所で芭蕉を見送ってくれた。その時の芭蕉の句が…

① 行く春や鳥啼き魚の目は涙

【解説】もうすぐ春が行ってしまう。私も行くし遠い旅に。鳥が切なげに鳴き、魚の目も涙にうるんでいるのは、春と私どちらの別れを惜しんでいるのか…。

弟子や友人と別れることに対して、深い悲しみを感じているということがわかる。鳥や魚を例えに使う別れが切なく深いものだと思っているものであるということを見事に表現している。芭蕉の「別れ」に対する想いの考え方がよく表れている句である。

では、旅の結び(ゴール)である「大垣」でよんだ芭蕉の句を見てみよう。

① 蛤のふたみに別れ行く秋ぞ

【解説】蛤のふたと身が別れるように、みんなと別れ、二見が浦と新しい旅に出るともがれた。秋の別れは惜別の情をもたせるようなものだ。

「大垣」という土地には、芭蕉と長らく親しい交流をもってきた門人たちが数多く住んでいた。芭蕉にとっても落ち着ける場所だったので、そのみんなと別れる時に詠んだ句がこれである。「ふたみ」は、蛤のふたと身、そして「二見が浦」という地名をかけているのである。だから芭蕉の「別れ」は、句からわかるように、非常に軽やかさを帯びており、次に自分は進んでいこうという確かな意志が感じられる。

②芭蕉の旅の始まりの地「千住」でよんだ①の句と、旅の終わり「大垣」でよんだ①の句を比べて、芭蕉の「別れ」に対する考え方がどう変わっているか、書いてみよう。

ジグソー活動及び最後に個人で取り組むプリント

ジグソーワークシート　　　　（　　）組　氏名（　　　　　　　　）

● 四十六歳悩む芭蕉。「おくのほそ道」の旅で見つけた「生き方」とは？（仮説）

○ ジグソー活動メモ（他のエキスパート担当の発表を聞いて、大切なことをメモしよう！）

A

B

C

○ クロストーク活動メモ（他の班の発表を聞いて、大切だと思った意見をメモしよう！）

● もう一度聞きます。四十六歳悩む芭蕉「おくのほそ道」の旅で見つけた「生き方」とは？
あなたの結論を書いていこう。（結論）

106

3 実践者の声（湯浅町立湯浅中学校　江川侑也教諭）

「知識構成型ジグソー法」の授業の手応えは？

　国語の授業で「知識構成型ジグソー法」を取り入れると，論理的思考力という部分で，授業の外でも広く活用できるような力が育つと感じています。

　最近は，全国学力・学習状況調査でも，論理的思考力を問うような問題，例えば，「根拠を明らかにして自分の考えを述べよ」というタイプの問題がしばしば出題されますが，うちの生徒たちはそうした部分が弱いです。しかし「知識構成型ジグソー法」を用いて授業をすると，自然と論拠や根拠にこだわる姿が見られるので，そうした力の育成に効果的だと感じています。

　論理的思考力の育成のために，普段の授業でも，「なぜ？」という発問を心がけていましたが，「知識構成型ジグソー法」を用いた授業を継続的に行うことで，最近はジグソー以外の授業中にも，「だって，先生…」「なんでかって言うと…」など，論拠にこだわる姿が自然と見られるようになってきています。これは「知識構成型ジグソー法」の大きな影響ではないかと思っています。

　また，「知識構成型ジグソー法」を使って作品の主題や作者の思想に迫るという授業を繰り返し実践することで，学級集団としても成長したように感じます。実際に，国語の授業以外でも，自分たちの本心で話し合えるような姿が多く見られます。例えば，行事で決めごとをする場合でも物怖じせずに発言しますし，互いに意見が食い違ったときにも「なぜそう思うの？」というセリフが自然と生徒たちから出てきているので，根拠をはっきりさせて意見を主張するという力が育ってきたという実感があります。

授業づくりや授業の中で気をつけていることは？

　最も大切にしていることは，メインの課題の設定です。「知識構成型ジグソー法」を用いた授業では課題が授業の柱になっており，エキスパート活動で資料を読むなどの活動はありますが，結局は課題に始まり，課題に戻ってきます。そこで，生徒たちにどんな力を身につけさせたいかを常に念頭にお

き，課題自体に学ぶ「必然性」があるか，生徒たちが興味を持てるか，そして，各エキスパートを用いる必然性があるかということをいつも気にしています。また，「こんな課題なら，生徒がこんな答えをひねりだしてくるのではないか？」という想定を重ねて，適切な課題をじっくり準備します。

　例えば今回の授業であれば，「かるみ」「不易流行」という概念の理解がひとつのポイントになってきます。これを，生徒たちが自分の感覚や経験に引きつけて理解したとしたらどんな言葉が出てくるか。例えば，「前向き」という言葉は出てくるかもしれない。これは「かるみ」の解釈としては不十分な言葉ではあります。しかし，主題を自分のものにするには，こんな風に生徒自身の言葉に置き換えることが重要だと思います。作品に出てくる言葉を生徒たちが自分の手になじむ言葉で言い換えていくということが，題材の主題を自分で納得するということだと思いますし，そういうことができる力が，様々な作品のよさを味わうために重要だと考えています。

　こうした想定をとおして，課題をしっくりくる発問に落とし込んで，生徒たちの想定解のイメージが具体的になってくると，無理に３つに分けようなどと考えなくても，エキスパートの構成は自然と見えてきます。

これからこの授業に取り組んでみようと思っている先生方に一言

　「この単元で『知識構成型ジグソー法』を使うにはどうしたらよいか？」という発想ではなく，単元デザインを深く考えた結果として「知識構成型ジグソー法」を取り入れるとよさそうだというポイントで使えるとよいと思います。ポイントを検討するうえでは，まず自分が生徒として授業を体験してみることが効果的ではないかと思います。

　「知識構成型ジグソー法」を使うことで，国語で扱う様々な作品に出てくる豊かな質の高い言葉を，生徒たち自身に生きた形で身につけさせることができるように思います。国語という教科の大きな役割は，そこにあると思うので，それを目指す授業づくりを追究できるところに「知識構成型ジグソー法」の授業づくりの魅力があると感じています。

3年　評論文『ネット時代のコペルニクス―知識とは何か』

実践例5

ネット時代を生きる私たちに大切なことは？

1 ｜ 実践の概要と成果

(1)授業のデザイン

　本節で取り上げる実践は，山口県の萩市立大井中学校西村和子教諭によって３年で実践された『ネット時代のコペルニクス―知識とは何か』の授業である。

　授業は，６時間で構成されるこの単元の４・５時間目（50分×２コマ）に実践された。単元の導入では，「調べ学習をするとき，本とインターネットどちらがよいか」について経験を想起して主題への関心を高め，その後３時間をかけて，比喩や例の意味を確認しながら一斉授業で教材を読解し，筆者の主張を要約したうえで本時を迎えた。本時では，身近な具体例と結びつけることで，論旨の把握を超えて筆者の主張を自分たちの言葉で解釈し，深く理解することをねらった。

　本教材の最終的なゴールは，「筆者の意見や説明をもとに，情報化社会での生き方について自分の考えを持つ」である。生徒たちは，「知識構成型ジグソー法」の授業を他教科でも経験しており，考えを表現することには抵抗はないものの，抽象的な語句が多い論説の文章にふれるのは初めてであった。そこで，一斉授業で丁寧に論理の展開を追った後，身近な具体的な例をもとに筆者の主張について自分に引きつけて理解を深める活動を仕組むことによって，自分で教材の中身を説明できるだけの言葉を十分蓄え，そのうえで最終的なゴールへ向かえるよう，単元デザインが工夫された。

　本授業のデザインを，表13に示す。メインの課題は「ネット時代を生きる私たちにとって大切なことは何だろう」である。この課題は単元全体の課題を兼ねており，生徒たちは単元の１時間目にこの課題について考えを書いた。

第３章　「知識構成型ジグソー法」の実践例　109

単元の４時間目にはエキスパート活動，５時間目にはジグソー活動，クロストーク，最後の個人思考を行った。

エキスパート活動では，生徒は３―４人の班で相談しながら，ネット上の情報利用に関する具体例（授業者が用意した外部資料）をもとに教材文中の３つのキーセンテンスをそれぞれ解釈する活動を行った。ジグソー活動では，グループを組み替えてメインの課題について話し合った。ここでは，課題の答えを最後の段落に出てくる二字熟語の選択とその理由という形で表現させた。クロストークでは，各班の選んだ語と選択意図を聞き合うことで，ネット社会での生き方に関する筆者の主張について理解を深めた。

表13 『ネット時代のコペルニクス』の授業デザイン

課題	ネット時代を生きる私たちにとって大切なことは何だろう。〜最後の段落から二字熟語をひとつ選ぼう。また，それを選んだ理由を説明しよう〜
エキスパートA	「（インターネットでは）その知識の責任が誰にあるのかが非常に曖昧にもなる」というキーセンテンスの意味を，映画の口コミサイトに関する具体例に基づいて解釈する。
エキスパートB	「人々はネット検索で瞬時にして次々に必要な情報を手に入れることで，緩やかに形成される体系としての知識を見失っているのかもしれない」というキーセンテンスの意味を，ネット記事の切り貼りによるポスター制作に関する具体例に基づいて解釈する。
エキスパートC	「単に必要な情報を即座に取り出すだけでなく，その中でいかに過去の知識と対話し，新たな理解の枠組みを作り出していくか。（それが，ネット時代を生きる私たち一人一人の課題）」というキーセンテンスの意味を，ネットニュースの記事の比較という具体例に基づいて解釈する。
期待する解答の要素	熟語：「体系」「探究」「創造」「葛藤」「思考」「対話」など 思考と対話／多様な情報の収集と吟味／葛藤から生まれる新しい考えの構築といった筆者の視点を踏まえた考え

⑵学習成果―授業前後の理解の変化から―

　「ネット時代を生きる私たちにとって大切なことは何だろう」という課題に関する生徒の考えの変遷に基づいて，学習成果を確認してみたい。授業を受けた生徒は14人である。単元導入時は記述できた生徒でも見聞きしたことのある言葉を並べるに過ぎなかったが，本時の終了時には全員が「期待する解答の要素」のような筆者の視点を理解し，自分の言葉で説明できるようになっていた。

　授業者は，「例年の授業では丁寧に比喩の解釈を説明し，筆者の主張を要約させても，授業後に『何が言いたいのか分からなかった』などのつぶやきを聞くことが多かった」と振り返り，「知識構成型ジグソー法」を取り入れた今回の単元デザインに手応えを感じているという。なお，生徒たちがジグソー活動において選んだ熟語は，「葛藤」「理解」「探究」「対話」「情報」となっており，いずれも妥当であった。

　表14に生徒の解答の例を示す。

表14　『ネット時代のコペルニクス』の授業前後の解答の例

	授業前	授業後
Aさん	情報が正しいかどうか見きわめる判断力。人をだまそうとする人達やサイトもあるので，それに引っかからないようにすること。	「葛藤」：知識の責任が誰にあるのか，作った人が誰か分からないものを，正しいのはどれなのか考えて悩むことが大切だと思ったから。一瞬で手に入った知識をそのまま自分のものにするのではなくて，他のいろいろな情報とつなぎ合わせて，大きな知識として自分で吸収することが大切。また，自己との対話など。
Bさん	正しい情報と正しくない情報を見極める。	同じことに対してよい・悪いという情報があって，どっちを信じればいいかまようときもあるが，もっと情報を集めて比較し，自分の考えで判断することが大切。探究：体系性が大切だから。葛藤：正しいのがどれなのか考えてなやむことが大切だと思ったから。

授業前は2人とも，ネット上の情報の正誤を判断する必要性には気づいているものの，的確な正誤判断のためにも思考や対話，多様な情報の収集と吟味，葛藤をとおした新しい考えの構築などが大切であるといった深い思考や理解による答えにはなっていない。

　対して授業後には，「葛藤」や「情報」をキーワードとして，「考えて悩む」「もっと情報を集めて比較し，自分の考えで判断する」など，自分なりの言葉を使って筆者の主張を説明できるようになっている。また，それぞれの授業後の答えには，Aさんに「対話」，Bさんに「探究」「葛藤」と最終段落に出てくる複数のキーワードが含まれており，筆者の主張を多面的に検討したうえで答えに至ったことがうかがわれる。

⑶実践を振り返って

①授業における生徒の学び

　以上より，本時の授業デザインは，生徒にとってなじみのない抽象的な語句が多い論説文を，身近な具体例と結びつけたり，文章の要点を自分たちが日常使う言葉で説明したりする機会を様々な形で繰り返し設けることによって，深く理解させることに成功していると言える。

　本文はインターネットという身近な題材を扱っている。また，前時までには4時間をかけて比喩やキーワードに着目した本文の解説を聞き，筆者の主張の要約にも取り組んでいた。にもかかわらず，ここまでの授業では，生徒は筆者の主張を理解し，自分の言葉で説明できなかった。これは例年この教材を扱う際の授業者の悩みであった。論説文に多用される抽象的な語句や比喩的な表現の意味を捉え，自分の経験や思考と結びつけることは，生徒にとって難易度の高い課題であると考えられる。そこで，本時の授業がデザインされた。

　本時の授業前後における生徒の解答の変化からは，エキスパート活動で学んだ身近な具体例を持ち寄って，それらを本文中のキーセンテンスやキーワードと自分たちの言葉で意識的に結びつけてみるような思考や対話によって，50分間でも生徒の説明の質が大きく向上したことが分かる。

　本事例からは，「知識構成型ジグソー法」の効果的な活用例として，論説文を扱う際に，抽象的な語句を自分たちの言葉で説明する，筆者のメッセージを自分に引きつけて納得する，といったポイントでの活用可能性が示唆される。

②考察

　論説文の学習において「筆者の主張」の理解が重要であることは疑いのないところである。しかし，生徒がどんな問いについて何を考え，表現できたときに「筆者の主張を理解できた」と言えるのかは難しい問題である。例えば，本文について「本論における筆者の主張を答えなさい」と問われたときに，「最後の段落から『～大切だ』といった形の文を探して，『～するべき

だ』とつけておけばよい」と考えて，「情報を相互に結びつけて体系的な理解をし，新たな枠組み作りをしていくべきだ」と答えられたとしたら，主張を理解できたことになるだろうか。

　本事例は，こうした問題意識を背景に，論説文の主張を生徒一人ひとりが自分の言葉で捉え，具体性をもって受け止めたうえで，主張について自分自身の考えを持つことにこだわった授業だと言えるだろう。論説文の学習を生徒のものの見方や考えの深まりに着実に結びつける学びの機会とするために，本時のねらいの設定の仕方は参考になる。同様の事例として，２年『モアイは語る』において，論の展開を一通り学習した後で，本文中のイースター島の事例と世界の現状を結びつけながら，「筆者はモアイが地球の未来について，何を語っていると言っているでしょう」という課題に取り組ませた事例もある。

　このとき，ねらうポイントで生徒の思考や対話を着実に引き出すためには，筆者の主張の核となるキーワードを生徒が普段使う言葉で説明するとしたらどうなるかの想定を重ね，その言葉を引き出せる発問を工夫することが重要になるだろう。本事例の場合であれば「葛藤」のような語句を生徒の言葉で説明するなら，という具合である。

　また，本事例では「二字熟語をひとつ選び，選んだ理由を書く」という発問が，複数のキーワードの比較をとおして論説文の主張を多面的に掘り下げるような思考を支えていた。授業者は，「二字熟語をいくつ選んでもよい，あるいは選ぶだけで理由を説明させない発問では，ねらいに向けて思考を焦点化し，深化させられなかったかもしれない」と振り返っている。こうした発問の工夫も次の実践の参考になるものだろう。

2 | 授業案及び教材

知識構成型ジグソー法を用いた協調学習授業　授業案

学校名	萩市立大井中学校	授業者	西村　和子
授業日時	平成26年12月5日	教科・科目	国語
学年・年次	中学3年	児童生徒数	14
実施内容	ネット時代のコペルニクス	本時／時数	5／6

授業のねらい（本時の授業を通じて児童生徒に何を身につけてほしいか，このあとどんな学習につなげるために行うか）

　筆者の主張を理解し，自分の言葉で捉える。

メインの課題（授業の柱となる，ジグソー活動で取り組む課題）

　ネット時代を生きる私たちにとって大切なことは何だろう。～最後の段落から二字熟語をひとつ選ぼう。また，それを選んだ理由を説明しよう～

児童生徒の既有知識・学習の予想（対象とする児童生徒が，授業前の段階で上記の課題に対してどの程度の答えを出すことができそうか。また，どの点で困難がありそうか）

　今回のように，抽象的な語句が多い論説の文章にふれるのは初めてのことである。そこで，抽象的な語句や比喩につまずく生徒も少なくないと考えられる。生徒は小学生の頃からインターネットには当たり前のようにふれてきている。授業前の中心課題についての生徒の反応としては，「インターネットに頼りすぎない」「多くの情報を見つける」くらいの答えが予想される。

　そのため，まずは比喩や例をもとに丁寧に論理の展開を追っていきたい。さらに，この教材におけるゴールは「筆者の意見や説明をもとに，情報化社会での生き方について自分の考えを持つ」ことにあり，曖昧な理解ではできない課題である。そこで，今回は，論理の展開を追った後に，参考資料として具体的な例をもとに，筆者の主張について理解を深める活動をしくみ，説明できるだけの具体的な言葉を蓄えてからゴールである表現に向かわせたい。

期待する解答の要素（本時の最後に児童生徒が上記の課題に答えるときに，話せるようになってほしいストーリー，答えに含まれていてほしい要素。本時の学習内容の理解を評価するための規準）

中心課題については，「体系」「探求」「創造」「葛藤」「思考」「対話」などの言葉を挙げるだろう。また，その説明として，「いくつかの情報を組み合わせて理解していくことによって，これまでとは違う見方ができるようになったり，より深い気づきを得ることができるのではないか」といった意見が期待される。そういった様々な言葉での説明を聞き合うことによって，ネット社会での生き方について個人個人の考えが具体性をもって腑に落ちることができればと考えている。

各エキスパート＜対象の児童生徒が授業の最後に期待する解答の要素を満たした解答を出すために，各エキスパートで押さえたいポイント，そのために扱う内容・活動を書いてください＞

A　「（インターネットでは）その知識の責任が誰にあるのかが非常に曖昧にもなる」このキーセンテンスによって，どんなメッセージを伝えようとしているのだろう。

具体例：「その映画，おもしろい？」

・「口コミの評価の高い映画を選んだのに，いまいちだった」と言う友人。なぜこんなことが起きるのだろう。

B　「人々はネット検索で瞬時にして次々に必要な情報を手に入れることで，緩やかに形成される体系としての知識を見失っているのかもしれない」このキーセンテンスによって，どんなメッセージを伝えようとしているのだろう。

具体例：「ネット記事の切り貼りで作ったポスター，なぜダメなの？」

・2つの資料を比べて考えよう。ネット記事を切り貼りしてつくったポスターはなぜよくないのか。

C　「単に必要な情報を即座に取り出すだけでなく，その中でいかに過去の知識と対話し，新たな理解の枠組みを作り出していくか（それが，ネット時代を生きる私たち一人一人の課題）。」このキーセンテンスによって，どんなメッセージを伝えようとしているのだろう。

具体例：「アイス・バケツ・チャレンジとは？」

・3つの記事はそれぞれ，どんな印象を受けるか。3つの記事を組み合わせて考えると，本当はどんな活動だと評価できるか。

ジグソーで分かったことを踏まえて次に取り組む課題・学習内容

　筆者の主張をもとに，「ネット時代を生きる私たちにとって大切なことは何か」について自分の考えを書いてみよう。

本時の学習と前後のつながり

時間	取り扱う内容・学習活動	到達してほしい目安
これまで	「調べ学習をするとき，本とインターネット，どちらがよいか」について経験を想起する。 本文を通読する。	今までの経験を想起することによって，テーマへの関心を高める。
	序論，本論①②から，インターネットの問題点について読み取る。	比喩やキーワードに着目し，図書館での調べものの違いから，ネット検索の問題点について理解する。
	結論から，ネット時代を生きる私たちの課題について読み取る。	「コペルニクス」の例の意味を押さえ，筆者の主張を要約する。
前時	自分の意見をもつために，具体例にふれ，本文の言葉と読み比べる。 （エキスパート活動）	具体例と本文の言葉を読み比べることにより，具体的に筆者の意見をイメージする。
本時	具体的な例をもとに，それぞれの視点からの意見を聞き合い，中心課題について自分の意見を深める。	具体的な例をもとに，それぞれの視点からの意見を統合し，「ネット時代を生きる私たちにとって大切なことは何か」について筆者の主張を自分の言葉で捉える。
次時	筆者の主張をもとに，「ネット時代を生きる私たちにとって大切なことは何か」について自分の考えを書く。	前時に捉えた筆者の主張をもとに，自分の意見を書く。

上記の一連の学習で目指すゴール

抽象的な語句が多い論説の文章を，具体的な例と本文とのかかわりについて考えることをもとに，筆者の主張を自分の言葉で捉えたうえで，「ネット時代を生きる私たちにとって大切なことは何か」自分の考えを書かせたい。

本時の学習活動のデザイン

時間	学習活動	支援等
5分	本時の学習内容の確認 ○前時の学習内容を想起し，本時の中心課題を把握する。	○見通しをもって学習に向かわせるために，中心課題及び学習の流れを確認する。
	「ネット時代を生きる私たちにとって大切なことは何だろう。～最後の段落から二字熟語をひとつ選ぼう。また，それを選んだ理由を説明しよう～」	
10分	エキスパート活動（前時の続き） ○具体例についての補助課題をもとに，それぞれが担当するキーセンテンスは，どんなメッセージを伝えようとしているのか，考えた意見を交流する。 ・エキスパートA 「その映画，おもしろい？」 ・エキスパートB 「ネット記事の切り貼りで作ったポスター，なぜダメなの？」 ・エキスパートC 「アイス・バケツ・チャレンジとは？」	○抽象的な言葉が多く，理解の難しかった筆者の意見について，自分の言葉で説明することができるように，それぞれの担当ごとに具体的な例を挙げ，補助課題を準備する。 ・補助課題をもとに，その視点から，それぞれが担当するキーセンテンスが伝えようとしていることについて，意見を交流させる。 ・意見の交流をする際には，理由・根拠を明確にして発言するように指示する。 ・発言で不明な点があれば，質問し合うことを助言する。
10分	ジグソー活動 ア　ジグソーグループに再構成し，エキスパート活動における情報交換を行う。	○発表の仕方として，具体例についての補助課題に対する意見と，それをもとに考えたキーセンテンスに対する意見の両方を発表するように指示する。

10分	イ 情報交換をもとに，中心課題について考える。	○それぞれの視点からの意見を統合させていく際に，根拠が曖昧な意見があれば，切り返し発問を行う。
15分	クロストーク ア 各グループの発表 イ 自分の考え ・「ネット時代を生きる私たちにとって大切なことは何か」筆者の主張について分かったことや考えたことを，自分の言葉で書く。	○各グループの発表を聞き合うことや最後に自分の考えを書かせることにより，多様な読みを統合して，自分なりに納得のいく答えをもたせたい。 ＊読みの交流により，授業前に書いた答えと比べて，納得のいく自分の考えを書くことができたか。

グループの人数や組み方

エキスパートA・B…4人×1グループ
エキスパートC…3人×2グループ
ジグソーグループ…4人（A・B・C1・C2）×2グループ，3人（A・B・C）×2グループ

授業前アンケートのプリント

『ネット時代のコペルニクス　―知識とは何か』

授業前アンケート

3年　　組　氏名（　　　　　　　　　　　）

1　あなたはネット社会（インターネットによる情報化社会）を生きる私たちにとって大切なことは，何だと思いますか。

2　あなたは，調べ学習をするとき，本とインターネットのどちらがよいと考えていますか。また，その理由は何ですか。

※プリント右下は山崎哲男『調べるって，どんなこと？』（ポプラ社，p.6〜7）より引用。

エキスパート活動のプリント(A)

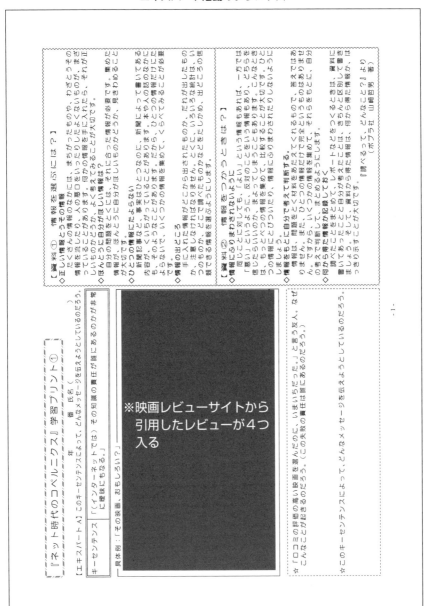

※プリント中央は浜島書店『国語便覧』言語活動編「まとめを作ろう（新聞形式）」より転載。

エキスパート活動のプリント(B)

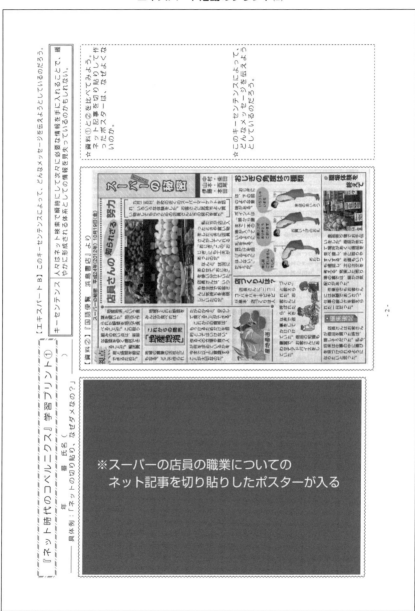

エキスパート活動のプリント(C)

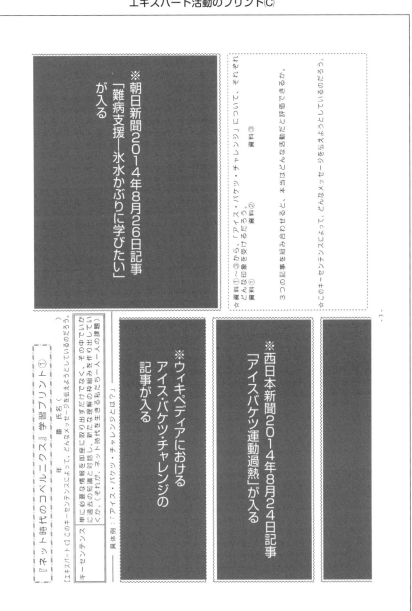

ジグソー活動及び最後に個人で取り組むプリント

『ネットゲームとのつきあい方』学習プリント③ 三井 晴 氏名（　　　　　）

※情報の主張を理解して、自分の言葉でとらえる。

【ジグソー活動①】 ＊エキスパート活動における情報交換をしよう。

	具体例から考えよう	
A	＊「その映画、おもしろかった」	
B	＊「ネットとのつきあい方、むずかしいよね」	
C	＊「ルール・マナー・モラルってなんだ？」	

【ジグソー活動②】 ＊ある課題について、解決策を考えよう。

＊ネットをより豊かなものにしていくために大切なことは何か。

☆選んだ三事例語…（　　　　　　　　　）
☆それを選んだ理由

【クロストーク】

＊ネットをより豊かなものにしていくために大切なことは何か。（三事例語とその理由）

【自分の考え】 ある課題についてなかまのなかで話し合って、気づいたことなどを書こう。

3 | 実践者の声（萩市立大井中学校　西村和子教諭）

「知識構成型ジグソー法」の授業の手応えは？

　「知識構成型ジグソー法」の授業では，生徒たちの思いがけない一面を見られるところに手応えを感じます。

　例えば，グループ学習では一見活発な話し合いをしていても，中身をよく聞いてみると，実は一部の生徒だけが考え，意見を述べていて，他の生徒はそれを見ているだけであることがあります。でも，「知識構成型ジグソー法」の授業では，どの生徒にも話す機会があり，友だちの話を聞いて自分の言葉で話す状況がつくられるので，日頃は教科書の音読でさえ難しいような生徒でも，クロストークで自ら進んで説明する姿が見られることもあります。

　また，その教科が得意な生徒が「実はここが分かっていなかった」と気づくチャンスも生まれやすいです。今回のような評論文だと，筆者の主張を書き抜いてまとめることができる生徒でも，「じゃあこの具体例と結論はどう関係するの？　説明してみて」という問いには答えられないことがあります。分かったつもりのことでも，自分の言葉で説明させるような課題を設定すると，得意な子でも悩みながらじっくり考えるような姿を見ることもできます。

　多様な生徒の間でやりとりが生まれると，ちょっとした言葉がヒントになってたくさんの「分かった」が生まれます。こうして自分たちで考え，話し合って分かる経験は，次の学びにつながってくるので，授業を経てより難しい文章を意欲的に読もうとする姿が生まれることもあります。そうした姿がたくさん見られると，授業者も「授業ってこんなに楽しかったんだ」と改めて感じることができます。

授業づくりや授業の中で気をつけていることは？

　最初の頃は，エキスパートをつくるときに，「教えたいことが３つあるから…」という視点で考えていましたが，そういうつくり方だと生徒にはつながりが見えなくて，３つを並べただけで終わりになってしまうことがよくあ

りました。そこで今は，生徒たちの素朴な疑問や，大事だけど気づきにくいことなどをエキスパートで確認し，それを足場にして最終的な課題に進んでいくようにデザインすることが多くなりました。

　メインの課題については，評論文では文の全体像を見通すような課題がよいと思っています。生徒たちは，「筆者の主張は？」「この具体例はどういうこと？」と個別に聞くと答えられても，具体例と主張がどう結びついているのかを説明することができないことが多いです。具体例と主張を結びつけて全体として何が書かれているのかを自分の言葉で説明させるような課題をメインにすると，そのような，生徒の苦手で，実は分かっていなかった部分をフォローできるのではないかと思います。

　評論文では，最終的には，筆者の主張について自分の考えを述べられることを目指したいところです。とはいえ，文章の全体像が見えてない状況で「意見を書こう」という課題は難しく，ともすれば文の一部を書き抜いて「思いました」を付け加えたような意見しか出てこない，「分かったつもり」の回答になりがちです。でも，意見交流をとおして具体例と主張を自分の言葉で結びつけることにじっくり時間をかけておくと「筆者の主張に対して体験をもとに自分の考えを述べる」という課題にも比較的スムーズに取り組めます。

これからこの授業に取り組んでみようと思っている先生方に一言

　「知識構成型ジグソー法」の授業では，生徒が静かに黙り込むような場面も少なくないので不安になるかもしれません。でも，生徒たちは実は学び続けていて，難しい文章でも「読もう」と思える状況をつくれば読んでくれるものです。いろいろと取り組んでみて「ぽつり，ぽつりと出し合う言葉で理解が深まっていく」というような思いがけない姿にたくさん出会ってほしいです。こういう経験をとおして，教師の生徒を見る目が変わってくると，教材を作る力もついてくるし，「黙っていても今は大丈夫だな」などと思えるようになります。「学力に課題があるから…」とか「中学生ではまだ無理」ということはないので，ぜひ試してみてほしいです。

3年 『読書生活をデザインしよう』

実践例6
··

芥川が描きたかった人間の本質とは？

1 実践の概要と成果

(1)授業のデザイン

　本節で取り上げる実践は，大分県の竹田市立久住中学校坂本佐知子教諭によって3年で実践された『読書生活をデザインしよう』の授業である。

　3時間で構成されるこの単元の最初の2コマ（100分）を「知識構成型ジグソー法」を活用して異なる3つの芥川龍之介作品を読み合わせ，作品や登場人物の共通点を探りながら，芥川が描きたかった人間の本質について考える授業にあてた。3コマ目は，本時の学習を基にこれまで好んで読んできた本との違いや，感じたこと，気づいたことを出し合う活動を行った。

　授業のデザインを，表15に示す。実施クラスは，読書活動には熱心に取り組むものの，読み継がれてきた名作に触れる機会が少ないという実態があった。そのため，芥川龍之介の作品を読む機会をつくり，文学作品への関心を高め，読書の幅を広げるきっかけとすることを授業のねらいに設定した。

　その際，「知識構成型ジグソー法」を用いて同じ作家の異なる作品を読み合わせる学習を行うことで，共通の主題で本について語り合う楽しみを味わったり，作品や描かれている登場人物の共通点を考えることで作家に興味をもったりできることを期待して授業をデザインした。

　授業では，『羅生門』『蜘蛛の糸』『杜子春』のテキストを取り上げ，各自がそのうち1冊を担当することとした。授業の最初に，各自が担当のテキストを読み，自分の担当した作品は，どんな人が描かれたお話かについて自分の考えを書いた。その後，エキスパート活動として，同じテキストを担当した3―4名のグループをつくり，担当作品の主人公はどんな人間として描かれているか，手がかりになる行動や会話を抜き出し，それを根拠に考える活

第3章 「知識構成型ジグソー法」の実践例　127

動を行った。ここまでを1コマの学習として行った。

　2コマ目では，ジグソー活動として，異なる作品を担当したメンバーによるグループを編成し，各作品の主人公がどんな人間だったかを出し合い，共通点は何かを話し合う活動を通じて，「芥川が描きたかった人間の本質とはどんなものだったのだろう」という課題について考えた。その後，クロストークで各班の課題に対する答えを交流し，最後にはもう一度個人で最初の課題について自分の考えを書いた。

表15　『読書生活をデザインしよう』の授業デザイン

課題	《学習の最初と最後に個人で考える課題》 自分の担当した作品は，どんな人が描かれたお話か。 《ジグソー活動で考える課題》 芥川が描きたかった人間の本質とはどんなものだったのだろう。
エキスパート A	『羅生門』 主人公はどんな人間として描かれているか，手がかりになる行動や会話を抜き出し，それを根拠に考える。
エキスパート B	『蜘蛛の糸』 活動は同上。
エキスパート C	『杜子春』 活動は同上。
期待する解答 の要素	人間の多面性，複雑さが描かれていることに気づくこと。 【例】 ・人間は，救いようのない部分や醜い部分・未熟で弱い心をもっている存在である。だからこそ，強くなろうとしたり，優しさを持っていたりするのである。 ・人間は，あるきっかけで善にも悪にも変化し得る，複雑な心を持っている。

128

⑵学習成果―授業前後の理解の変化から―

　授業前後に各自が「自分の担当した作品は，どんな人が描かれたお話か」という課題に対して何を説明できたかに基づいて，学習成果を確認してみたい。授業を受けた生徒は23人である（うち1名はワークシートのコピーが判読不能のため除外した）。表16は期待する解答の要素を規準に，授業における学習成果を評価したものである。「自分の担当した作品は，どんな人が描かれたお話か」という課題に対して，授業前の時点で登場人物の人物像に言及できた生徒は27.3％のみであり，「元はお金持ちの息子で今は財産を使い尽くした貧乏人」（杜子春）のようにあらすじをなぞるような説明をする生徒が多かった。

　それに対し，授業後は同じ発問に対して90.9％の生徒が人物像についての言及を行い，81.8％が「善と悪の心を両方とも持っているとても人間らしい人」（杜子春，上の例と同じ生徒の記述）のように，授業者が期待する解答の要素に挙げた人間の多面性や複雑さに関する言及を行っていた。

表16　「読書活動」の授業における学習成果（N＝22）

期待する解答の要素	授業前	授業後
登場人物の人物像について言及できた	6	20
登場人物の人物像の多面性や複雑さについて言及できた	1	18

　あわせて，表17に，3人の生徒について授業前後の解答の実際を示した。
　『蜘蛛の糸』を担当したAさんは，学習前は，犍陀多が「おりろ」と叫ぶ部分からだけの人物分析であったが，地獄に落ちるようなことをする人間にも蜘蛛を助ける優しい気持ちがあることに気づいたり，追いつめられたときの心の動きに気づいたりするようになっている。
　『杜子春』を担当したBさんは，学習前は，あらすじに沿った人物分析だったものが，学習後は，人間は一面だけでなく，善と悪・強さと弱さなどいろいろな面を持っていることをつかんでいる。また，『羅生門』を担当した

第3章　「知識構成型ジグソー法」の実践例　129

Cさんは，学習前は簡単なあらすじをつかんでいるだけだったのが，学習後は，現実的ではないが自分にもあてはまるという，小説の本質までつかめている。

表17 「読書活動」の授業前後の解答の例

	授業前	授業後
Aさん	『蜘蛛の糸』 御釈迦様が犍陀多を助けようとするが，血の池の所で犍陀多が自己中心的になり助けられない。	人間には善と悪の２つの心を持っているけど，やっぱり人間は，いろんな事においつめられると，欲が勝ってしまう。
Bさん	『杜子春』 とても貧乏だが，ある老人に出会い金持ちになった。でも，金持ちだからといって使いすぎて全部無くなってしまい，また貧乏に戻る。	最初は欲に負けてしまったけど，本当はとても思いやりをもっている。→人間には，いろいろな目線でみることができる。
Cさん	『羅生門』 １人の下人が羅生門にいた。そこにいた老人の身ぐるみをはがして逃げる。	芥川龍之介の作品は現実ではありえない話だけど，人間の欲深さや善悪が描かれてすごいと思った。羅生門では，時と場所により人の態度が変わっていくのが自分にもあてはまり，芥川作品はすごいと思った。

　では，こうした読みの深まりは，本時の主なねらいである読書活動の充実につながったか。授業後に，自分の担当以外の作品２冊をそれぞれに持ち帰らせたところ，次の休日で３分２ほどの生徒たちが読んできており，残りの生徒も，テストが済んだら読みたいと話していたということで，この点でも一定の成果が確認できた。

130

⑶実践を振り返って

①授業における生徒の学び

　以上より，本時の授業デザインは，生徒になじみが薄く，一人では読み深めることの難しかった芥川作品の読み深めを支え，そのことにより生徒の作品への興味，読書活動への意欲を喚起することに成功していたと言える。

　生徒に尋ねたところ，今回扱った作品のうち，『蜘蛛の糸』は全員が，『杜子春』も半分ほどの生徒が過去に読んだことはあったとのことである。しかし，授業前の課題に対する解答を見ると，多くの生徒が表面的なあらすじを捉えるだけの読みに終始してしまっていたことが分かる。

　そうした実態を踏まえると，今回の事例からは，読書活動の充実といった際に，すでに読んだことはある作品でも，改めて課題を持って読むという活動が，また多様な視点を持った仲間と対話しながら読むという活動が，さらに同じ作家の他の作品との共通点に目を向けるという活動が，同じ本を読むことから違った気づきを得ることを促し，読書活動の楽しみ方の幅を広げていくことにつながることが指摘できるだろう。

②考察

　読書活動の単元で同じ作家の複数作品を読み合わせる「知識構成型ジグソー法」の授業は，学年，校種を超えて様々なクラスで実施されている。

　例えば，『猫の事務所』『どんぐりと山猫』『虔十公園林』という３つの宮沢賢治作品を読み合わせ，「３つの作品に共通する作者の願い」について考えるといったデザインである。この授業では，差別や偏見で判断することの愚かさに気づいてほしいという期待する解答の要素が設定されていた。

　今回の芥川作品の読み合わせも同様だが，「知識構成型ジグソー法」で作品の読み合わせをする授業をデザインする場合，授業者は，３つの作品の共通点を考えたり，比較したりすることでどんなことに気づいてほしいか（期待する解答の要素），そのためにどんな課題（具体的な発問）を設定すればよいかあらかじめ十分検討しておく必要がある。ゴールと課題という授業の骨組みができると，どの作品をチョイスすればよいかも判断しやすい。

第3章　「知識構成型ジグソー法」の実践例　131

単純に3つの作品を読み合わせるという活動だけでなく，こうしたデザインの工夫が，読み合わせによって生徒が気づきを得たり，深まりを実感したり，読書の楽しさを感じたりすることを支えているのである。

2 授業案及び教材

知識構成型ジグソー法を用いた協調学習授業　授業案

学校名	竹田市立久住中学校	授業者	坂本　佐知子
授業日時	平成27年10月9日	教科・科目	国語
学年・年次	中学3年	児童生徒数	23
実施内容	芥川作品を読もう	本時／時数	2／3

授業のねらい（本時の授業を通じて児童生徒に何を身につけてほしいか，このあとどんな学習につなげるために行うか）

　本学級の生徒は読書好きの者が多く，週2回の朝読書の時間（8：00～8：20）や休み時間などに熱心に読んでいる。しかし，選ぶ本のジャンルに偏りがあり，文豪と呼ばれる作家たちの名作をほとんど読んでいない。単におもしろい・読みやすい作品だけでなく，そろそろ人間の本質や生き方を深く考えさせるような文学作品を読むようになってほしいと考えている。

　今年度の芥川賞が又吉直樹さんに決まり，大きな話題になっていることと，前回の芥川賞受賞の小野正嗣さんが大分県出身だということで，生徒たちにとって芥川賞が身近なものになっていると思われる。そこで，中学3年のこの時期に，芥川龍之介の作品を読む機会をつくり，文学作品への関心を高めて読書の幅を広げるきっかけとしたい。そしてこの先，自らいろいろなジャンルの本を選び，本を読む楽しみや本を語り合う楽しみを味わい続けられる人になってほしいと考えている。

メインの課題（授業の柱となる，ジグソー活動で取り組む課題）

　芥川が描きたかった人間の本質とはどんなものだったのだろう。

児童生徒の既有知識・学習の予想（対象とする児童生徒が，授業前の段階で上記の課題に対してどの程度の答えを出すことができそうか。また，どの点で困難がありそうか）

　短編ではあるが，時代背景・生活様式の変化などで読み進めることが難しい言葉が多いと思われる。しかし，比喩の巧みさや展開のおもしろさを感じたり，人

間のエゴや醜さ，純粋さや強さなどを読み取ったりすることはできると考える。

期待する解答の要素（本時の最後に児童生徒が上記の課題に答えるときに，話せるようになってほしいストーリー，答えに含まれていてほしい要素。本時の学習内容の理解を評価するための規準）

　人間は，救いようのない部分や醜い部分，未熟で弱い心をもっている存在である。だからこそ，強くなろうとしたり，優しさをもっていたりするのである。
　あるきっかけで，よい方にも悪い方にも変化する心を描こうとしている。
　表現の仕方が巧みで，豊富な語彙で描かれている。

各エキスパート＜対象の児童生徒が授業の最後に期待する解答の要素を満たした解答を出すために，各エキスパートで押さえたいポイント，そのために扱う内容・活動を書いてください＞

　エキスパート活動の課題「登場人物は，どんな人間として描かれているのかをつかもう」
A「羅生門」
…正義感と現実，善と悪との間を揺れる不安定な人間
　生きるためなら何でもし，自分の行動を正当化する人間のエゴイズム
B「蜘蛛の糸」
…どんな人間も慈悲の心をもっている
　自分さえよければいいという人間のエゴイズム
　エゴイズムによって破滅してしまう人間の弱さ
C「杜子春」
…富に溺れてしまう人間の弱さ，人間関係のもろさ
　地獄にあっても我が子をかばう無償の愛情とそれを裏切れない心情
　主人公を中心に，その心情が分かるところに線を引きながら読み進め，どのようなストーリーの中で，どんな人間が描かれているのかを理解する。

ジグソーで分かったことを踏まえて次に取り組む課題・学習内容

　自分の読書生活を振り返り，読んだことのないジャンルやテーマの本を選んで読む。
　『故郷』を読み，人の生き方や社会について考える。

本時の学習と前後のつながり

時間	取り扱う内容・学習活動	到達してほしい目安
これまで	『大人になれなかった弟たちに…』『少年の日の思い出』『坊っちゃん』（1年） 『走れメロス』『字のないはがき』（2年） 『握手』『蝉の声』（3年）	登場人物の行動を中心に想像を広げながら読める。 登場人物の性格や気持ちの変化などを，叙述を中心に想像して読める。 登場人物の相互関係や心情の描写を捉え，自分の考えを持てる。
前時	エキスパート資料の小説をそれぞれ読む エキスパート活動 「登場人物は，どんな人間として描かれているのかをつかもう」	どんなストーリーであるか，説明できる。 どんな人間が描かれているか，説明できる。
本時	ジグソー活動 「芥川が描きたかった人間の本質とはどんなものだったのだろう」 各作品に描かれている人物を比較し，共通点は何かを話し合う。 クロストーク活動 各班で考えたものを発表し合う。	自分の読んだ作品の人物像を説明できる。 芥川が描こうとした人間の本質はどのようなものであるかをまとめる。 出し合った意見について，自分はどう感じたか，自分の意見を持てる。
次時	これまで好んで読んできた本との違いや，感じたこと，気づいたことを出し合う。	表現の豊かさや構成の巧みさ，本を読む楽しさに気づくことができる。
このあと	読んだことのないジャンルやテーマの本を読むことに挑戦する。 『故郷』を読み，人の生き方や社会について考える。	自分なりの考えを持ちながら読むことができる。 登場人物の変化とその原因について考えることができる。

第3章 「知識構成型ジグソー法」の実践例　135

上記の一連の学習で目指すゴール

　これまで読んだことのないジャンルやテーマ・作家の作品を，自ら選び，読もうとする姿勢を持たせる。また，深いテーマを持つ純文学を読む楽しさや，豊かで巧みに表現されている作品のおもしろさを味わわせる。

本時の学習活動のデザイン

時間	学習活動	支援等
3分	導入 ○前時の内容を振り返り，本時の課題を知る。	○エキスパート活動でまとめたことを確認させる。
25分	ジグソー活動 「芥川が描きたかった人間の本質とはどんなものだったのだろう」 ○各作品に描かれている人物を比較し，共通点は何かを話し合う。	○各作品がどんな話であるか簡単に伝えたうえで，そこに描かれた登場人物がどんな人であったかを説明させる。
17分	クロストーク活動 ○各班で出した答えを発表し合う。	○他の班がどのように表現しているかを確認させる。 ○他の班の発表を聞いて，自分の感じたことや考えたことを発表させる。
5分	まとめ ○もう一度，自分の読んだ芥川作品が，どんな話であったかをまとめる。 ○次時の活動で，これまでの読書生活を振り返ることを知る。	

グループの人数や組み方

エキスパート班…A「羅生門」4人班×2，B「蜘蛛の糸」4人班×2，C「杜子春」4人班，3人班

ジグソー班…3人班（A・B・C）が5組，4人班（A・A・B・C，A・B・B・C）が2組

第3章 「知識構成型ジグソー法」の実践例　137

授業の最初，最後，ジグソー活動で取り組むプリント

芥川作品を読もう　　　　　　　　番（　　　　　　　）

STEP1.　私が読んだ「　　　　　　　　」は、こんな人が描かれているお話です。

```
課題
```

STEP2.　エキスパート活動　　　～作品から読みとろう～

STEP3.　ジグソー活動　　　～課題に迫ろう～

STEP4.　クロストーク　　　～自分の考えと比較しながら聞こう～

STEP5.　もう一度、私が読んだ「　　　　　　　　」は、こんな人が描かれているお話です。

- 1 -

エキスパート活動のプリント(A)

芥川作品を読もう　　　　　　　番（　　　　　　　　）

エキスパート用プリント

「羅生門」

【あらすじ】
　平安末期、都の羅生門の下で、職を失い途方に暮れる下人がいた。下人は羅生門の上で、死人の髪を抜く老婆に出会う。生きるためにその髪を売るのだと、自己の悪行を正当化する老婆の言葉に下人は 憤 る。が、自分も生きるために老婆の衣服をはぎ取り、暗黒の夜の中に駆け去るのであった。

☆下人はどんな人間として描かれているだろう

Memo（手がかりになる行動や会話）　→	（どんな人間か）

- 2 -

第３章　「知識構成型ジグソー法」の実践例　**139**

エキスパート活動のプリント(B)

芥川作品を読もう　　　　　　番（　　　　　　　　）

エキスパート用プリント　「杜子春」

【あらすじ】
　仙人・鉄冠子の術で大金持ちになった杜子春は、人の薄情を知り、今度は仙人になることを望む。鉄冠子は、声を出すなと言う試練を与えるが、地獄で責め苦にあう両親を見せられた杜子春は、思わず「お母さん」と叫んでしまう。

☆杜子春はどんな人間として描かれているだろう

Memo（手がかりになる行動や会話）	→	（どんな人間か）

- 3 -

140

エキスパート活動のプリント(C)

芥川作品を読もう　　　　　　　番（　　　　　　　）

エキスパート用プリント　　「蜘蛛の糸」

【あらすじ】
　悪事の報いで地獄に落ちた犍陀多。お釈迦様は、彼が昔、蜘蛛を助けたことを思い、蜘蛛の糸を極楽から垂らしてやる。登り始めた犍陀多は、後から大勢登ってくるのを見て、「下りろ」と叫ぶ。その途端、糸は切れてしまう。

☆犍陀多はどんな人間として描かれているだろう

Memo（手がかりになる行動や会話）	→	（どんな人間か）

- 4 -

第3章　「知識構成型ジグソー法」の実践例　　141

3 | 実践者の声 （竹田市立久住中学校　坂本佐知子教諭）

「知識構成型ジグソー法」の授業の手応えは？

　普段指名しても発言できないような子でも，エキスパート活動を経ることでジグソー班の中で自分の気持ちや考えを話せるというところですね。国語が苦手だと思っている子も，周りから認められるチャンスがあって，楽しんで学ぶことができるのがこの手法のよさだと思います。

　また，教える側の私自身については，どんな教材を持ってくるかやどんな聞き方をすればよいか，単元のどこに持ってくるかを考えることで，今まで以上に深い教材研究ができるようになったという手応えを感じています。

　ジグソーの授業づくりを通じて，例えば，講義式の授業の中でちょっと課題を出すときでも，一問一答式の事実確認の問いではなくて，生徒に分かってほしいこと，考えてほしいことを意識しながら読みの深まりにつながる問いを考えるようになりました。自分自身の授業力をつけるという意味でも挑戦してよかったです。

授業づくりや授業の中で気をつけていることは？

　授業づくりでは，まず単元の目標に照らして，教科書＋αでさらに学びを広げたり深めたりするために，もう少しこんな素材があったらいいなというところで課題を設定するようにしています。そこからメインの課題をどうするか，そのためのエキスパートは？を同時に固めていきます。

　授業づくりにあたって，特に効果的だと考えているのは，人とやりとりしながら教材をつくることです。最初は，本当にぼんやりしたアイデアからの出発ですが，同じ教科の先生方と相談することを通じてねらいが明確になり，教材が具体化されていきます。私は，授業づくりそのものも，私たちの協調学習だと思っていて，それがまた楽しく力になるものだと思っています。

　そして，具体的な教材案ができてきたら，今度は他教科の先生に生徒役になって簡単に体験をしてもらいます。専門が違う他教科の先生だと，生徒に

近い目線，分からない人の目線で反応を返してくれるので，「こんなところが難しいのか」といった，同じ国語科教員だけだと見逃がしがちな生徒のつまずきをしっかり予想しながら教材を修正できます。

　また，校内研修で授業を行う場合，こんな風に事前に体験をしておいてもらえると，他教科の先生たちも参観前にねらいや教材についての理解を共有しておくことができるので，実際に授業を見るときにそのねらいと比較して生徒の学びをよく見とってもらえるという利点もあります。

　授業中の支援として心がけているのは，グループに対してヒントを与えすぎない，しゃべりすぎないということです。

　以前行った別のジグソーの授業で，資料が難しかったのか，グループでの話し合いが活発にならないことがありました。授業中は失敗したなと思ったのですが，授業の最後に生徒が書いたものを見たらとても深いものが出てきていました。そんな経験もあって，話し合いが活発でなくてもしっかり考えているのだな，ぽつぽつとしたお互いのつぶやきでここまで考えが深まってくれるなら停滞しているように見えても教師は待ってあげていいな，と考えるようになりました。

　では，授業中の教師の出番は何かと言うと，クロストークの交通整理だと思います。クロストークでは，「これは困ったな」という答えも含め，多様な答えが出てくることがあります。その交通整理をうまくやるために，事前に生徒からどんな答えが出てくるか様々な可能性を考えておいて，こういう風に整理していけばいいな，というイメージを持っておくようにしています。

これからこの授業に取り組んでみようと思っている先生方に一言

　生徒たちの学びのためにも，自分自身のためにも取り組んでみる価値があると思います。生徒たちには一人では十分な答えが出ない課題にみんなで答えを出す達成感があって，先生も難しい教材研究をみんなに相談しながらやって楽しい授業ができるという達成感があります。

　大事なのは一人で抱え込まずに，みんなでやることだと思います。

第 4 章

授業づくりのポイント
─ Q&A ─

Q&A について

　第3章では，6つの異なる授業者，学校，学年，単元の実践例を紹介し，また，それぞれの授業者の先生方の考えられる「知識構成型ジグソー法」の授業づくりのポイントについてもお話しいただいた。

　ご覧いただいている先生方にも，「自分でも授業を試してみたい」「つくってみたい」と思っていただけていると幸いである。とは言え，実際に試してみるとなると，「グループの組み方はどうしたら？」「授業中の教師の役割は？」など，その前に気になることも多くあるのではないかと思う。また，ご自分で教材をつくってみようとされたときに，どこから手をつけたらよいのか迷われることもあるかもしれない。

　本章では，「知識構成型ジグソー法」を用いた授業づくりのポイントについて，先生方からよくいただくご質問にお答えするような形でまとめている。用意したQは，以下の7項目である。Qに対するAは，現時点でのCoREFの考え，及びこの型の授業づくり研究に携わってくださっている先生方のご意見からまとめたものである。

Q1	授業づくり，どこから手をつけるのがよいか？	…p.147
Q2	適した課題やエキスパートの設定の仕方は？	…p.150
Q3	エキスパートの学習内容や活動はどうあるべきか？	…p.152
Q4	授業中における教師の役割は？	…p.156
Q5	グルーピングのポイントは？	…p.160
Q6	教科学力の定着の面での不安はないか？	…p.162
Q7	授業をやってみたあと，どんな視点で振り返ればよいか？	…p.164

Q1

授業づくり，どこから手をつけるのがよいか？

⑴「まずは既存の授業案の活用から」と言ったときに

　第３章の先生方のインタビューでは，これから取り組まれる方に対しては，まず，既存の授業案の活用から取り組んでみてくださいというお答えも多かったように思う。既存の授業案の活用と言ったとき，何がポイントになってくるのだろうか。この問いについて考えるにあたって，「知識構成型ジグソー法」のような生徒が自分で考えて答えを出す（学習者中心型の）授業においては，教材の絶対的な良し悪しが必ずしも授業の成否を左右するわけでないことを再確認しておきたい。

　第２章でも確認したとおり，協調学習を引き起こすためには「一人では十分な答えが出ない課題」の設定が重要である。ただし，この「一人では十分な答えが出ない」というのは，あくまで"本時の生徒たちにとって"「一人では十分な答えが出ない」ものである必要がある。

　（国語のプロである）先生方からすると，「これじゃちょっと簡単かな」「誘導的すぎるかな」と思われるような課題でも生徒にとっては十分「一人では十分な答えが出ない」場合もある。逆に，あるクラスで試してみて「一人では十分な答えが出ない」効果的な課題だったものが，別のクラス（進度や生徒実態）では簡単すぎたということもあるだろう。そう考えると，過去にどこかのクラス，どこかのタイミングでうまくいった教材が，また別のクラス，別のタイミングでも同じようにうまくいくとは限らない。それが学習者中心型の授業の難しいところであり，醍醐味でもあると言える。

　したがって，既存の授業案の活用と言ったときには，このクラスだったらこの授業案を学習がどこまで進んだタイミングで実施するのがよさそうか，エキスパート資料やジグソーの課題が難しすぎたり，簡単すぎたりしないか，既習事項で定着があやしい内容があれば補足を入れてあげた方がよいか，な

第４章　授業づくりのポイント―Q&A―　**147**

どの視点から検討し，適宜修正をして試してみられるとよい。

　もちろん，試してみた結果，「思ったよりできた／できなかった」ということもあるだろう。それが分かるのも大きな収穫である。次の授業デザインの際には，その気づきをもとにまた修正をかけていけるとよい。

⑵新規に授業をつくる場合は

　どこからこの型の授業をつくり始めるか，には様々なアプローチがあり得る。典型的には，課題とゴールの設定から，エキスパートの設定からのいずれかが考えられそうである。

　CoREF では，特にはじめてこの型の授業をつくられる先生に対しては，課題とゴールの設定から授業をつくられることをお勧めしている。これは，「知識構成型ジグソー法」で引き起こしたい学習はどういうものか，に関係している。「知識構成型ジグソー法」で引き起こしたい学習は，「知識構成型」というだけあって，それぞれの部品を組み合わせることで，よりよい答えをつくり上げていくことができる，という学習である。こうした学習をデザインするためには，まず授業を準備される先生方の方で，「答えがよりよくなる」具体的なイメージ（こういう課題に対して，最初はこの程度の答えだろうものが，こういう答えに深まってほしい）を準備しておく必要がある。これが，課題とゴールの設定である。

　エキスパートについては，このゴールに向けて，本時の生徒に足りない知識・視点，改めて考えてほしい知識・視点は何か，ということから設定が可能であるだろう。ゴールに基づいて必要な部品を考えた結果，それが３つでなく，２つや４つ，あるいはそれ以上になることもあってよいだろう。

⑶授業デザインのシミュレーション

　ゴールを具体的に想定しておくと申し上げたが，この点について違和感を覚えられる国語の先生もいらっしゃるかもしれない。生徒の自由な考えを引き出すためには，教員がゴールを設けない方がよいのではないかという考え

148

である。これについては，「何のために具体的なゴールを想定するのか」という点からお話ししたい。具体的なゴールを設定するひとつの大きな意味は，そうすることによって設定した課題や資料が意図どおり機能し，本当に生徒の多様な考えをうまく引き出すものになっているかどうかを事前に検証，シミュレーションすることができる点にある。

　どういうことか。例えば，自分ではねらいを定めてそれに即して課題を設定したつもりでも，その課題に模範解答を書いてみようとすると意外と難しいことが多い。模範解答を書いてみることによって例えば「私が考えてほしかったのは『なぜ』ではなく『どのように』だったな。この方がだいぶ答えやすいな」といった気づきを得ることができる。

　また，こうしたシミュレーションを他の先生方（できれば他教科の先生方）にやってもらえるとなおよい。いったん教材が完成したら，ご自分の意図やねらいを説明せず，生徒と同じように取り組んでもらう。そのうえでご自分の想定していた解答を提示してそれとの違いを比べてみると，用意した問いや資料がどのように受け取られたか，意図どおりの課題把握がなされたか，読み取りがなされたかが見えてくる。

　「生徒の多様な考え」と言ったとき，提示した課題や資料が意図どおり受け取られたうえで多様な考えが出てくるのか，不十分な準備によって意図しない受け取られ方をした結果多様な考えが出てくるのか，どちらの可能性もあり得る。前者の姿を実現するために，一度先生の想定をはっきりさせて，それをもとに教材をシミュレーションして見直すことをお勧めしたい。

⑷単元における本時の位置づけ

　実践にあたってもうひとつ大事になるのは単元における本時の位置づけである。本文についてどの程度理解した段階で本時の課題に取り組むのがよいか，次時以降のどんな学習活動につなげるように本時のゴールの設定をするのか。ひとつの「知識構成型ジグソー法」の授業にいろんなことを詰め込みすぎず，こうした視点を持つことも授業デザインの大きなポイントである。

Q2

適した課題やエキスパートの設定の仕方は？

(1)どこでやるかより，どのくらい掘り下げられるか

　第３章では，物語文の学習，詩の学習，説明的文章を書く学習，古文の学習，評論文の学習，そして読書活動と様々な学習内容における実践例をご紹介した。これらの例からも分かるように，「知識構成型ジグソー法」は中学校国語の様々な学習場面で取り入れることが可能な学習方法である。

　では，どこでも同じように実施可能かと言うと，恐らくそうではないだろう。授業者の先生方に伺うと異口同音に「『知識構成型ジグソー法』による『協調学習』をやる意味があるところ」ということをおっしゃる。要するに，生徒が深く考えるに足るとその先生が考えられるところ，ということである。

　Ｑ１でゴールの想定についてお話ししたが，授業デザインされる先生が授業前後での生徒の表現できる解の変化を具体的にイメージできるところ，生徒が一人で考えるだけではなかなか十分な答えが出ない問いが設定できるところ，というのがそれにあたるだろう。

　ゴールや問いは先生方個々の問いたいことやクラスの実態によっても少しずつ変わってくるだろうから，ここがやるべきところというのは一様には決まらないだろう。まず，ご自身がやってみられそう，ここなら明確な深まりの方向性を持って問いを設定できそうという学習場面を選ばれるとよい。

(2)課題設定のバリエーション

　これまで蓄積されてきた実践例を見ると，『少年の日の思い出』のような定番教材の学習が多い傾向がある。多くの先生方が「ここなら深く考えさせられそう」と思われる教材であるからだろう。他方，そうした教材であっても，そこで問いたい課題や授業デザインはまた授業者によって多様である。

　例えば，定番教材『走れメロス』の場合，「メロスと王において，作品を

通して一貫している人物像と変化した人物像はどんなところか」という課題を異なる場面に着目し，そこに描かれた人物像を読み取るエキスパートから考えさせる授業デザイン，「作者は『人質』と『メロス』の違いによって何を表現したかったのだろうか」という課題を太宰がこの物語の参考にしたシラーの『人質』の文章と比べながらメロス，王，その他の登場人物の描かれ方の違いに着目するエキスパートから考えさせる授業デザイン，「『真の勇者』は誰か」「人間にとって本当に大切なことは何か」という課題を本文中の会話文，人物の行動や表情，心の中の言葉にそれぞれ着目するエキスパートから考えさせる授業デザインなどが実践されてきた。

　これまでの授業の中で先生方が大事にされてきた問いを軸に授業をデザインしていただけるとよいだろう。

(3)エキスパート活動の設定

　エキスパート活動の設定についても，多様なバリエーションがあり得る。

　ジグソー法と言うと各エキスパートで扱うテキストそのものが違わないといけないと考えられるかもしれないが，そうしたケースはむしろ少ない。

　特に物語文の場合，『少年の日の思い出』の事例のように共通の本文を読んだ状態で異なる補助発問について考えることで異なる視点を持たせるような設定が典型的である。違うテキストを織り交ぜる場合でも，『レモン哀歌』『ネット時代のコペルニクス』の事例のように，本文そのものは全員で読んだうえで，関連の外部資料を基に視点を持つエキスパートをひとつないし複数設定することで本文の読みを深める効果をねらうことが多い。

　反対にそれぞれのエキスパートで扱っている内容が，別のエキスパートで扱っている内容とあまり遠くなってしまうと，生徒がお互いに共有したり，それらをつなげて考えたりすることが難しくなってしまうので注意したい。

　例えば『読書生活をデザインしよう』の事例のように，すべてのエキスパートが異なるテキストを読んでくる設定の場合は，共通点が見えやすいテキストの設定，その共通点に目を向けやすいメイン課題の設定などに留意したい。

Q3 エキスパートの学習内容や活動はどうあるべきか？

⑴エキスパートの視点はどのくらい「違う」必要があるのか

　「知識構成型ジグソー法」の授業づくりの際に，内容が違っていて，かつ同じくらい大事な3つのエキスパートを設定するのが難しい，というお話を伺うこともしばしばある。

　こうしたお悩みについて考える際に，まず「知識構成型ジグソー法」で引き起こしたい学習はどんなものか，そのためにエキスパート活動はどんな役割を果たしているか，を整理する必要があるだろう。

　「知識構成型ジグソー法」で引き起こしたい学習は，本時の課題について自分の考えと仲間の考えを比較吟味しながら，自分の考えを見直し，よりよい解の表現をつくり上げていく協調学習である。こうした学習が引き起こされやすい条件として，学習に参加する一人ひとりが「私には相手に伝えたい考えがある」「私の考えは相手に歓迎される，聞いてもらえる」「みんなの異なる考えを組み合わせるとよりよい答えができる」という自覚，期待感を持っていることが挙げられる。エキスパート活動は，ジグソー活動での課題解決において，上記のような自覚や期待感を持たせてあげるためのステップである。大事にしたいのは，ジグソー活動での協調的な課題解決であり，エキスパート活動はそのための準備段階であると考えていただければよい。

　その意味では，極論すれば，各エキスパートは「生徒から見て違う」ものであれば，この自覚や期待感を持たせるエキスパート活動としての機能を果たし得る，と言える。例えば，授業をデザインされる先生からすれば「結局同じことを言っている3つ」であっても，それが生徒にとってハードルの高い課題になり得るものであれば，その3つを比較検討しながら，共通の本質に気づいていくような学習も十分意味があるものになるだろう。

⑵エキスパート活動で生徒に期待すること

　エキスパート活動で生徒に期待するのは，上述のように本時の課題に対して，自分なりに「私には相手に伝えたい考えがある」という状態になってもらうことである。この伝えたい考えというのは，必ずしも授業者側の期待するとおりのものである必要はない。「この資料もらったんだけど，よく分からなかった。ここことかどういう意味？」といった考えでも，ジグソー班に持っていければよいだろうと考えている。

　「エキスパート」という言葉を使っているが，これは必ずしも「与えられた内容を完璧にマスターしてこないといけない」というわけではない。

　生徒に対して，「ジグソー班に行ったらこの内容はあなたしか分かっていないんだから，ちゃんと説明できるようにしてね」ということを声かけて印象づけることは，学習意欲を引き出す上でも効果的なことが多い。

　ただ，このとき授業者の側としては「エキスパート活動で，生徒が与えられた内容を完璧にマスターしてこないといけないわけではない」ということを認識しておきたい。エキスパートで半分かりだったものをジグソー班にもっていくことで，他の視点も取り入れながらエキスパートの内容を理解していく，という生徒の学習の様子はしばしば見られる。むしろ，エキスパートが半分かりであるからこそ，他の仲間も含めて，ああじゃないか，こうじゃないかと考えるきっかけをつくることができ，最終的にはそのことによって皆がより深い理解に至るチャンスが得られることもしばしばあるのである。

　生徒が自分で考えて理解を形成していく授業では，授業者は，こうした生徒の多様な学びの可能性を視野に入れ，自分が事前に想定したプロセス以外の学び方も尊重する必要がある。

⑶「きちんと伝えられるように」する支援は必要か

　逆に，エキスパート活動で避けたいのは，「きちんと伝えられるように」授業者が準備をしすぎて，生徒が考えながら自分の言葉で話すことを妨げるようになってしまうことである。

第4章　授業づくりのポイント―Q&A―　153

例えば，表現の拙い生徒が多いクラスの場合，「きちんと伝えられるように」ジグソー班で伝える内容を穴埋めで文章にして作成させるような工夫や本文の該当箇所を抜き書きするだけの簡単なものにすることも考えられる。これを行うとどのようなことが起こるか。

　生徒は，つくった文章をただ読み上げることになる。こうした読み上げの言葉は生徒の自然な言葉ではないので，聞いている方の生徒も内容を咀嚼できないことが多く，そのため質問が出たり，自然なやりとりに発展したりすることもあまり見られない。結果，ただまとめてきた文章を写し合って終わり，という活動を助長してしまいがちである。

　逆に，言語表現が苦手な生徒同士でも，考えるべき問いさえはっきりしていれば，問いに即して自分の考えを少しずつ言葉にすることは可能である。適切な補助発問を設けてあげれば，それをきっかけに自分の考えを休み時間と同じように，たどたどしくも自然な言葉で話すことができる。こうした発言は聞き手の生徒にも自然に受け取られるので，伝える側の表現が不十分でも，聞き返しや合いの手，突っ込みなどの自然なやりとりが起こり，自分たちなりの理解を形成していくような相互作用になりやすい。

　むしろ，「きちんと伝える」ための支援をしすぎないこと，生徒が自分の無理のない言葉で表現するためにはどうすればよいか，を考えてあげることが重要になる。

(4)ジグソー活動で生徒に期待することからエキスパート活動を考える

　では，エキスパートは生徒に自由に考えさせておけばよいか，と言うと必ずしもそうではない。生徒に何を考えてもらいたいか，ジグソー班に行ったときにどんな風にどんなことを伝えてほしいか，先生の側がしっかり活動をイメージして，それに沿ったプリント作りや指示を明確にしていくことが重要である。

　「知識構成型ジグソー法」の授業に初めて取り組まれるような先生の授業で見られる光景として次のようなものがある。

エキスパート活動が始まる。プリントには小問がいくつか並んでいる。先生は「エキスパートの問題を考えてください」と指示する。生徒が個人個人でエキスパート資料の問題を解く。なかなか話し合いが始まらないので，先生が「お互いの答えを確認し合ってください」と声をかける。生徒は自分で答えを書き終わったタイミングでお互いの答えを確認して「だいたい同じだよね」とすぐ話が終わる。ジグソー班に移って先生が「エキスパートで学んだ内容を伝え合ってください」と指示を出す。生徒は自分の解いた問題の答えを読み上げる。聞き手の生徒は何を説明されているかよく分からないが，ひとまずメモをとる。

いかがだろうか。これはもちろん，生徒に期待する学習の姿ではない。他方，これまで「知識構成型ジグソー法」の経験がない生徒だとすると，この先生の指示だけではこうした活動が生じてしまう可能性も十分あるだろう。

ジグソー活動でそれぞれのエキスパートで学んだことを説明する際に生徒に期待するのは，こんな内容についてこんなことを考えたというのを自分の言葉で噛み砕いて説明することである。そのために，エキスパート活動ではプリントの解答欄を埋めることではなく，与えられたプリントの内容について説明する準備をしてほしい。そのためには自分一人で考えるのではなく，仲間と相談しながら考えてほしい。

ただこうした学習の経験の少ない生徒たちは，プリントを配られたら問題を解けばよい，問題を解くのはまず一人でやらないといけないという経験則を持っていることも少なくない。

そのため，授業者の側が上述のようなジグソー活動，エキスパート活動でやってほしいことのイメージを具体的にもって，それを具体的に伝えるような指示を工夫する必要がある。ただその際，前述のように発表原稿のようなものを用意させることは逆効果になりがちである。ジグソー活動ではあくまで（拙くても）自分の言葉で話せばよいこと，その準備のためにエキスパート活動では仲間といろんな言い方で何度も十分に考えを確認しておくことを強調したい。

Q4

授業中における教師の役割は？

(1)授業中の教師の主な役割は，課題提示，観察

　「知識構成型ジグソー法」の授業の場合，主役は一人ひとりの生徒である。授業が始まったら，彼らが自分なりに考えて課題に答えを出すプロセスを邪魔せずに，支えてあげるのが教師に期待される役割だと言える。

　だが同時に，この型の授業では，「生徒が自由に考えてくれればいい」ということをねらっているわけではない。「学んでほしい課題」や「そこでどんなことを学ぶか」は，事前の教材準備を通じて，教科内容の専門知識を持った先生方が設定し，方向づけるものである。そのうえで，生徒が教師のねらいをどれだけ超えていってくれるか，そこは生徒に託したいと考える。だから，授業が始まったら，なるべく教師からの働きかけは少なくしたい，その分事前の教材準備で勝負，というのが理想なのである。

　ただし，授業中に教師の役割がまったく必要ないわけではない。Q3で述べたように，ねらった学習を引き起こすためには活動のイメージを明確にする教師の適切な指示が欠かせない。例えば，教師が「プリントを配るのでグループで話しながら取り組んでください」のようなごくごく簡単な指示のみで複雑な中身のプリントを配布し，生徒が「え？　どこ？　何やるの？　とりあえず答えを書けばいいってこと？」といったリアクションをしているような場面も見受けられる。こうした場合でも，生徒は自分たちの解釈で作業を始めてくれることが多いが，それが実は教師の意図と違う活動になっていることもある。

　生徒が教師の課題を（少なくとも彼らなりに）引き受けて，課題に取り組んでくれなければ，ねらった学習は期待できない。だから，生徒たちにねらったように課題を理解してもらうことについては，授業の中での教師の重要な役割と言える。

指示や発問の言葉は事前に十分に練っておくべきだし，それを支える導入も必要に応じて行うこともあるだろう。ただ，それでも生徒が思ったように課題を受け止めていないというケースもあり得る。そこで，生徒が課題をどのように受け止めているのか，自分の出した指示や発問が通っているのかを生徒の様子を観察しながらつかむことも必要になってくる。場合によっては，いったん活動を止めて全体に指示や発問をし直してあげることが必要な場合もあるかもしれない。

⑵個々のグループにはなるべくかかわらない

　「知識構成型ジグソー法」の授業では，複数のグループが同時並行的に自分たちの学習を進めている。当然，授業者もその場ですべての班でどんな学習が起こっているかをつかむことはできない。

　だから，例えば，「この班心配だな」と思うところに授業者が行っていきなり声かけや指示などをしてしまうと，そのとき生徒が考えていたことがそれによって霧散してしまうということが起こる。研究授業などでひとつのグループを丁寧に参観していると，生徒が何か気づきかけていたことがこうした授業者の介入によってつぶされてしまい，結局そのあとももとの考えに戻ってこなかったという場面がしばしば見受けられる。

　また，授業者が個々のグループに介入してしまうことで，「結局困ったら先生が教えてくれる」という信念を生徒に形成させてしまうことにつながってしまう。そうなると，せっかくジグソーの型を使って，「私には自分で伝えたいことがある」「考えるのは私なんだ」という状況を整えたことが台無しになってしまうだろう。

　グループが煮詰まっている様子でも，しばらくそのグループの様子を観察した後に，「今何を考えているの？」と聞いてあげる程度のかかわり方にとどめておくことを推奨したい。ここで生徒から「分からないこと」が出てきた場合でも，そのグループで教師が話し込むことは避けたい。特にその「分からないこと」が課題や指示に関することであれば，他の班でも同じ状態に

第4章　授業づくりのポイント―Q&A―　157

なっていないかを観察するべきだろうし，必要に応じて全体に指示ができた方が有効である。

　逆に，グループで生徒たちが「もう私たちできちゃった」という状態になっている場合は，声かけが次の学習を引き出す助けになることもあり得るだろう。例えば，エキスパート活動で誰か一人が答えを出し，それを他の生徒も写して満足しているような場合，「次の班に行ったらこの内容を知っているのは一人だけだからね。ちゃんと全員が自分で理解して説明できるように今のうちに確認しておいてね」とか「答えは出ているけど，どうしてこの答えでいいか説明できる？」のような簡単な声かけが，停滞していた生徒の学習を活性化する場面もしばしば見受けられる。

(3)クロストークでの教師の振る舞い

　クロストークでの教師の振る舞いについても，一番留意したいのは，「結局先生が答えを教えてくれるんじゃん」という風に生徒に受け取られないことである。そのために，「今日はたくさんの意見が出てきたけど，みんなの学んだことはこれだったね」のように，授業者が本時の最後にまとめをして，それを最終的に生徒たちが全部書き写すような学習はまず避けないといけないだろう。あくまで生徒一人ひとりの分かり方，表現を大事にしたい。

　では，ただ発表させていけばよいかというと，ここでもやはり教師ができることで，生徒が自分の考えを磨く上でプラスになることはあるだろう。

　例えば，生徒の発言の中でキーワードになるところ，特に他の生徒の発言と比べての微妙な差異などは，聞いている生徒たちが気づきにくいこともままある。こうした部分を授業者が適切に繰り返して強調してあげることなどは効果的だろう。

　また，生徒たちのクロストークから，授業者として「別の聞き方でも表現させてみたい」ということが出てくるかもしれない。例えば，生徒の理解が不十分かもしれないと考えられる場合，いくつかの考え方が出てきて比較検討させたい場合などである。こうしたときには，いわゆるゆさぶりの発問だ

ったり，発展的な課題，ちょっと違う聞き方の発問を行うことで，生徒の考えを引き出したり，生徒同士の考えの違いに着目させたりすることもできるだろう。

　授業者の考えを「正解」「まとめ」として生徒に押しつけるのではなく，生徒の考えを引き出し，特にその差異に着目させながら，より納得のいく表現を個々人が追究する助けにしてあげるのがクロストークで教師に期待される役割だと言える。

　その際，経験を重ねた先生方の実践で見られるやり方として，クロストークで考えの交通整理を行ったあとに，再度ジグソー班の活動に戻して小グループで考えを確認させるような時間を設けることもある。例えば，いくつか異なる解釈が出てきたときに典型的なものを取り上げて「１班と２班の考えはどこが違うと思う？　どっちがより本文に基づいている？」といった問いをつけてもう一度グループで考えさせるようなやり方である。

　教室全体でクロストークが進行しているときにパッと考えを表明できない生徒たちでも，グループで考える時間を設けてあげることで堰を切ったように話し出すことも少なくない。クロストークの持ち方については柔軟に考えられるとよいだろう。

　また，「こうした柔軟なクロストークをするためにはどうしたらよいですか？」というご質問をいただくことも多いが，ここでもやはり事前の想定が役に立つだろう。第３章の実践者の声でも，クロストークでこんな発言が出るのではないか，こんな（あまり教員としては出てきてほしくない）発言も出るかもしれないなという想定を事前にしておくことで，じゃあそのときはこんな風に考えさせようという準備をしておくことができるというお話もあった。焦って誘導しすぎたり，逆に発表させっぱなしになったりしないためには，事前に生徒の発言を想定して振る舞いを準備しておけるようにしたい。

　もちろん，この準備はＱ１でも触れたように課題など授業デザインそのものの見直しにつながることもあるだろう（例：このままだとほとんどの班がまったく同じような発表になってしまうのではないか）。

Q5

グルーピングのポイントは？

⑴型の意味からして外したくないポイント

　「知識構成型ジグソー法」の授業におけるグルーピングについては，まず型の意味からして基本的に外したくないポイントが２つある。

　ひとつは，ジグソー班に行ったときに，（可能な限り）ひとつのエキスパートを担当する生徒は一人にしたいということである。「知識構成型ジグソー法」の肝は，ジグソー班での課題解決において，一人ひとりが「私には伝えたいことがある」「私の考えは歓迎される」という状態を自然とつくってあげる点である。同じエキスパートの生徒が班に２人いれば，こうした状況の意味はだいぶ削がれてしまう。一番極端な例で言えば，学力低位の生徒と上位の生徒をセットにして同じエキスパートを担当させ，そのまま２人を同じジグソー班に移してしまえばどうなるだろうか？　もうこの低位の生徒が参加するチャンスや必然性はほとんどなくなってしまうと言えるだろう。

　生徒数の都合でどうしても AABC のような同じエキスパートの生徒が重なるジグソー班が発生する場合もある。その場合も，同じ資料でも違うエキスパートの班（例えば，A の資料の１班と２班）から１人ずつを持ってくるような形で，少しでも生徒たちに「違いがあること」を明示してあげたい。

　違いの明示によって個々の生徒の参加を促すという視点に加え，グループの人数を３〜４名程度にしておくことには，多様な考えを生かすという視点からも意味があることを付け加えたい。グループの人数が多すぎると，生徒が自信のない考えをつぶやくことがしにくくなったり，したとしてもそのつぶやきが他の生徒に拾われにくかったりしてしまう。また，常にどこかでいろんな話題が出ていることになりがちなので，じっくり考えを持つ余裕が生まれにくいのも気になる点である。少人数で顔を向き合わせることで，自信のない考えをつぶやいてみたり，それに応答したり，ときにはじっくり考え

て黙り込むような場面も生まれる。こういった場面は，生徒がレベルの高い課題に対してよりよい答えをつくっていくプロセスでしばしば有効に機能する。

　もうひとつのグルーピングのポイントは，なるべくすべての生徒が対等に参加できるよう，明示的に（あるいは生徒からそうだと気取られるように）リーダーを置かないこと，である。リーダー役の生徒がはっきりしていれば，他の生徒の主体的な参加が難しくなる。この型の授業で問題にしたいのは，「グループの達成」ではなく，「個々の理解と表現の深まり」である。どの生徒も遠慮せずに自分の理解を追究できるような環境を整えたい。

　もちろん，これは「生徒の学力差や人間関係を考慮してはいけない」という意味ではない。個々人が主体的に学ぶために，グループが誰かに頼りきりになるようなかかわりを教師の側が積極的に助長しないようにしたい。

　以上の２点を除けば，グルーピングはクラスの実態や先生方のねらいに応じて臨機応変にしていただくのがよいだろう。まず，ご自分なりの仮説や意図を持ってグルーピングを試してみられて，実際の生徒の学習の様子からその仮説や意図が思いどおり機能したか，思わぬ副作用がなかったか検証してみることができるとまた次の授業デザインに生かすことができるはずである。

⑵エキスパートを自分で選ばせたいとしたら

　「知識構成型ジグソー法」の授業では，ジグソーでの「一人では十分な答えの出ない課題」の解決が学習の中心であるため，エキスパートの分担は機械的な割り振りによる「仮のエキスパート」で構わない。

　ただ，実践者の先生方の中には，なるべく生徒がエキスパートを選んだ形にしたいということで工夫されている方もいらっしゃる。例えば，授業をジグソー班からスタートして，各班にエキスパート資料をワンセット配布し，生徒同士の短時間（１，２分程度）の話し合いでエキスパートの分担を決め，それぞれがエキスパートに分かれて学びに行くようなスタイルであれば，比較的無理なく行うことができるだろう。

Q6

教科学力の定着の面での不安はないか？

⑴何をもって学力定着の評価とするか

　「ジグソーの授業をやってみたら，テストの点が…」ということについて，量的に集約的な調査は行えていないが，先生方から伺うお話についてはおよそ次の３パターンに分類できそうだと考えている。いずれも，はじめて取り組まれた方から，学期に一度ないし単元に一度程度の頻度でジグソーを取り入れられている方中心のご感想である。

　体感的に一番多いのは「（普通の授業をやっているクラスと）点数はあまり変わらないのではないか」というご意見で，これは高等学校の定期試験などについて多く伺うご感想である。

　普通の授業をやっているクラスと比べて明らかによい，というご意見も伺う。特にこうした傾向が顕著なのは，全国学力テストのＢ問題のような「その生徒たちにとって難しい記述問題に対する無回答率の低下や記述量の増加」についてである。また，長期記憶の保持という点でも「この授業でやった内容は，半年，１年経っても生徒が覚えている」というご感想をいただくことも多い。

　逆に「ジグソーでやると，テストの点数が下がる」というお声を伺うこともある。具体的にお話を伺うと，特に小学校などで日常的に行われている確かめテストの場合が多い。

　以上のお話をまとめると，現状のテストを考えると，「知識構成型ジグソー法」の授業を行うことで点が上がるタイプのテストと下がるタイプのテストがあると言える。

　端的に言えば，「前の日に先生が教えたことをどのくらいちゃんと覚えているかな？」というタイプのテストについては，教師がまとめず自分で考えて答えをつくらせる授業より，丁寧に答えを教えてあげて，「これを覚えて

おいてね」とした方が点数が取りやすいということがありそうである。ただ，こうしたテストで点数が取れることと，その内容がその生徒にどのくらい定着して，その後活用できるものになっていくかは，また分けて考える必要があるのではないだろうか。

　逆に，特に「比較的高度な内容を自分の言葉で表現させるようなテスト」については，自分で考えてつくった知識がより生きやすいと言える。入学試験や就職試験などのテストは，こういった性質の強いテストだと言えるし，今後いっそうこうした方向に変わっていくと考えられる。また，日常の問題解決や先の学年で新しい学習課題に出会う場面なども，広い意味ではこうしたタイプのテストと同じ，活用できる知識が問われる場面だと言える。

　生徒に最終的につけたい学力とはどのようなものだろうか。「知識構成型ジグソー法」の活用と同時に，そこで伸びている学力を正確に見とってあげるために，何をもって学力の評価とするか，という評価の内容や方法も再考していく必要があると言えるだろう。

⑵繰り返しの効果

　また実践を多く重ねられている先生方から伺うのは繰り返しの効果である。すべての単元で一度は「知識構成型ジグソー法」を取り入れているという高校の国語の先生方からは他のクラスと比べて定期試験の点数がだいぶ伸びているというお話を伺ったりもする。また，1，2年とこうした学習を繰り返しているクラスの授業を拝見すると，生徒たちの説明する姿，聞き合う姿，粘り強く考える姿などに大きな成長が見られる。実践の繰り返しを通じて生徒たちが学び方を学び，「知識構成型ジグソー法」の授業以外でも協調的に学び合う姿が見られるという。

　一つひとつの授業での短期的な成果も重要だが，同時に長いスパンで生徒の学ぶ力を伸ばしていくという意味では，一つひとつの授業でのうまくいった，いかなかったの手応えを超えて，実践を繰り返していくことそのものの重要性も強調したい。

第4章　授業づくりのポイント―Q&A―　163

Q7

授業をやってみたあと，どんな視点で振り返ればよいか？

⑴まずは授業前後の解の変容を捉えたい

　「知識構成型ジグソー法」の授業では，授業の最初と最後に本時のメインの課題について生徒個々に考えを書いてもらうステップを設けている。このステップの主眼は，この1時間でそれぞれの考えがどのくらい変容したかを見てとることである。第3章の実践例でもこうした前後の解の比較を取り上げているが，これである程度，この1時間に生徒がどのくらい学んだかを推測することができる。

　この1時間の変容は，生徒自身の学びの評価になるだけでなく，この1時間の授業がどのように機能したか，授業デザインの振り返りにもつながる。授業前の解答からは，事前に想定していた生徒の既有知識（既習事項の定着度など）が妥当だったかどうかが見えてくるし，授業後の解答からは，用意した教材のどの部分が生徒に消化されて，どの部分がされなかったかが見えてくる。こうした前後の変容に基づく授業デザインの振り返りは，先生方の生徒理解をいっそう深いものにし，次の授業デザインに生かせる貴重な経験知になるはずである。

⑵授業の中で生徒がどう学んでいるかを捉えたいときに

　前後の解の変容を見れば，用意した授業デザインがどの程度機能したか／しなかったかをつかむことができるが，それがなぜだったのかをより深く掘り下げたいとすると，授業中の生徒の対話に注目したくなる。

　できていない子がどこでつまずいているのか，ということだけでもいろんな可能性がある。先生が当然使えると思っていた既習事項が活用できなかったからなのか，プリントの言葉が難しくて理解できなかったからなのか，指示が曖昧で何をやってよいか分からなかったからなのか。授業中の生徒のつ

ぶやきを聞いていると，いろんな可能性が見えてくる。

　逆に，一見それらしい答えが書けている生徒が実際どのように思考した結果その答えにたどりついたのか，そのプロセスにも多様な可能性がある。さっとそれらしい箇所を抜き書きして「これでいいよね」としてしまった答えなのか，自分たちなりにこだわって吟味した考えなのか。前者のような思考や活動が起こってしまっていたとするとその原因は何なのか。授業中の生徒のつぶやきは，次の授業デザインに活かせる経験知の宝庫である。

　もちろん，授業中に一人ですべてのグループの対話を拾うことは不可能だろう。気になるグループに照準を絞って観察するだけでも，ずいぶんいろんなことが見えてくる。グループに IC レコーダを置いておいて，行き返りの車で聞いています，とおっしゃった先生もいらしたが，毎回ではなくてもそんなこともやってみられると，思わぬ発見があるに違いない。

　授業研究会ができるのであれば，担当グループを決めて参観者の先生方に観察をお願いできるとよいだろう。その際には，参観者の先生に事前に授業デザインの概要と，授業者の想定する学習（こんな答えを出してほしい，この場面ではこんな話し合いをしてほしい，こんなところでつまずくのではないか，など）を共有しておけると大変効果的である。

　担当グループの生徒たちの思考や対話を授業者の想定と比較しながら見とってもらい，事後にどんなことが起こっていたかそれぞれが見とった学びの事実を交流し，そのうえで学びの事実をもとに今日の授業デザインについて検討できると，「生徒はこう学ぶのか」「だから授業デザインや支援ではこんな工夫が必要そうだ」「これは今日の授業だけの話じゃないですね」と教科を超えて，先生方の学びになる研究協議ができるはずである。

　最後に，授業研究会にあたっては，必ず参観者の先生方に「生徒の活動には手出し口出ししないでくださいね」というのも共有しておく必要がある。見ていると教えたくなってしまうのが人情であるが，そこを生徒に考えてもらうのが目指す学びであるし，よしんば介入するとしてもそこは授業者ご自身のご判断であるべきだろう。

おわりに：「読む」ということ

　本書は，「知識構成型ジグソー法」という授業の型を使って国語授業における協調学習を実現できるか，それをとおして子どもは国語の何をどう学ぶことができるかを問うたものである。その理論と実践例は，「読む」「聞く」「話す」「書く」活動の行き来が授業のねらいにむけた理解深化と結びつくと協調学習が実現されやすいことを示唆している。それと同時に「読む」ことひとつをとっても，その学びが奥深いものだということを教えてくれる。例えば，第3章に収められた六篇の事例からは，「知識構成型ジグソー法」における一人で問いに答えを出す最初のステップや，前時までの通読段階では，これだけ「読めていない」生徒たちが，授業をとおして物語や詩，古文，評論などを「読める」ようになっていく過程が見えてくる。

　「ちょうをつぶしたのは罪を償うため」といった規範的で表面的な読みから複数の叙述を丁寧に読み解き，関連づけ合うことによって，「僕」の複雑な内面に迫っていく。「レモンを置く」という象徴的行動について，外部資料も併読し，一見読む量が増えて大変そうに見えても，光太郎と智恵子の関係性という文脈を捉えることで，目の前の詩の理解を深めていく。日頃あまり考えたことがないような「かるみ」という概念について，俳句を複数対比し，異なる視点で結びつけることで自分に引き寄せて理解していく。これらを総合すると，子どもたちは一読したときには表面的にしか理解できなかった対象について，先生方のデザインした「問い」と「読みの視点」を踏まえることで，仲間同士で「どういうこと？」「もう一回言って」と互いに尋ね合い，説明をぽつりぽつりと積み重ねることで，理解を深めていくことができるのが分かる。生徒の読みの実態や先生方の手応えを拝見すると，理解を深めたい対象が他の部分とどういう関係にあるのかという「文脈」の解釈を深めることと，その解釈が仲間同士で違うということ（エキスパート活動で

人工的につくられた違いと生徒自身の経験や既習によって自然に生まれる違い）が重要であることが示唆されている。それによって「国語で扱う様々な作品に出てくる豊かな質の高い言葉」について，なぜ自分たちがそれを学ばないといけないのかという読みの「目的」や，筆者がそれをなぜ紡がねばならなかったかという表現の「目的」も同時に見えてくるからだろう。

　こう考えると，子どもが「教科書が読めない」ように見えるのは，「なぜ読まないといけないのか」が分からない初読の文章について，係り受けやこそあど言葉の照応など読みの一断面だけを聞くせいなのかもしれない。読みの目的が明示され，その文脈を仲間と語り合うことができれば，また違った子どもたちの「読み」の力が見えてくる可能性がある。それはまさに「知識構成型ジグソー法」の授業において，エキスパート活動の頭で先生方が「この読みで大丈夫かしら」と思っているところから，同じ資料の読み合い，そしてジグソー活動以降の関連付けで読めるようになってくるところに現れている。「読む」とは「単語が分かれば文が分かり，文が分かれば文章が分かる」というような単純なものではなく，文章全体の趣旨や文脈が分かって逆に局所の意味が分かることもあるという多層的で奥深いものなのだろう。

　それでは私たちの国語の教育目標は，協調的な読解経験の蓄積によって，一人で初読の文章も正確に読み解くことができるようになることなのだろうか。それもあるだろうが，それだけではないはずだ。初読で意図を取り違えていないか不安になることは誰しもあるだろう。だから，私たちは常に再読したり書き手や第三者に確認したりする。むしろ大事なのは「読んだことを使う」——自分の読解内容や触発されたアイデアを他者に伝え深めていく——ことではないか。自分の読みの限界を知って，他者の読みと結びつけて深めていく心構えを常に持つことではないか。こうした社会の中での「自立した読み手」を育てていくために，息の長い実践がこれからも求められる。

平成31年３月　東京大学 CoREF 教授
白水　始

【編著者紹介】※所属は執筆当時のもの

飯窪　真也（いいくぼ　しんや）　はじめに，第2章，第3章，第4章
東京大学高大接続研究開発センター高大連携推進部門 CoREF ユニット特任助教

齊藤　萌木（さいとう　もえぎ）　第3章
東京大学高大接続研究開発センター高大連携推進部門 CoREF ユニット特任助教

白水　始（しろうず　はじめ）　第1章，おわりに
東京大学高大接続研究開発センター高大連携推進部門 CoREF ユニット教授，国立教育政策研究所　客員研究員

東京大学　高大接続研究開発センター高大連携推進部門 CoREF ユニットとは…
平成22年度から前身の東京大学大学発教育支援コンソーシアム推進機構として全国の県市町教育委員会等と連携し、「知識構成型ジグソー法」を用いて協調学習を引き起こす授業づくりの実践研究を展開。関連書籍として、高等学校各教科の事例を扱った『協調学習とは―対話を通して理解を深めるアクティブラーニング型授業―』（北大路書房）、中学校数学の事例を扱った『「主体的・対話的で深い学び」を実現する　知識構成型ジグソー法による数学授業』（明治図書）などがある。

【実践協力者】※所属は実践当時のもの

財前　由紀子（豊後高田市立高田中学校　教諭）
久万　真央（高知県立高知南中学校　教諭）
新垣　真（琉球大学教育学部附属中学校　教諭）
江川　侑也（湯浅町立湯浅中学校　教諭）
西村　和子（萩市立大井中学校　教諭）
坂本　佐知子（竹田市立久住中学校　教諭）

「主体的・対話的で深い学び」を実現する
知識構成型ジグソー法による中学校国語授業

2019年8月初版第1刷刊　©編著者	飯　窪　真　也
2020年7月初版第2刷刊	齊　藤　萌　木
	白　水　　始
発行者	藤　原　光　政
発行所	明治図書出版株式会社
	http://www.meijitosho.co.jp
	(企画)赤木恭平(校正)(株)APERTO
	〒114-0023　東京都北区滝野川7-46-1
	振替00160-5-151318　電話03(5907)6702
	ご注文窓口　電話03(5907)6668

＊検印省略　　組版所　中　央　美　版

本書の無断コピーは、著作権・出版権にふれます。ご注意ください。

Printed in Japan　　　ISBN978-4-18-273025-2

もれなくクーポンがもらえる！読者アンケートはこちらから →